Zum Beispiel
Textilien

Süd-Nord
herausgegeben von Ekkehard Launer

Süd-Nord: Eine Buchreihe, die das komplizierte Verhältnis zwischen »Dritter Welt« und Industrienationen anhand konkreter Beispiele aufgreift, verständliche Hintergrundinformationen liefert, Zusammenhänge deutlich macht, Anregungen gibt, wie jede/r sich weiter informieren und engagieren kann.

Süd-Nord: Das gibt die Richtung an! Wir müssen die Umstände kennenlernen, die Armut, Hunger, Unterdrückung und Ausbeutung verursachen. Das Augenmerk liegt auf ungerechten Strukturen, von denen wir, die Bewohner des Nordens, profitieren.

Süd-Nord: Das sind keine wissenschaftlichen Studien, die durchgearbeitet werden müssen, sondern einführende Lesebücher, die keinerlei Vorkenntnisse voraussetzen.

Zu folgenden Themen sind bisher »Zum Beispiel«-Bände erschienen: Amazonas, Apartheid, Atomwaffen, Babies, Bananen, Bangladesh, Bevölkerungspolitik, Blut, Chile, China, Cocain, Entwicklungshelfer, Entwicklungsprojekte, Flüchtlinge, Frauenalltag, Frauenprojekte, Gesundheit, Holz, Hunger, Indianer in Lateinamerika, Kaffee, Kakao, Kinder im Krieg, Kinderarbeit, Mosambik, Nahrungsmittelhilfe, Saatgut, Sextourismus, Slums, Soja, Staudämme, Südafrika, Tee, Tellerwäscher, Textilien, Tourismus, Umweltzerstörung, Verschuldung, Vietnam und Zucker.

Nähere Informationen über die Reihe sind kostenlos erhältlich bei: Lamuv Verlag,
Düstere Straße 3, D-3400 Göttingen

ZUM BEISPIEL
TEXTILIEN

Redaktion:
Guido Rüthemann

Süd-Nord

Lamuv Taschenbuch 92

CIP-Titelaufnahme der Deutschen Bibliothek

Zum Beispiel Textilien / Red.: Guido Rüthemann –
Orig.-Ausg. – Göttingen : Lamuv-Verl., 1990
(Lamuv-Taschenbuch ; 92) (Süd-Nord)
ISBN 3-88977-239-0
NE: Rüthemann, Guido [Red.]; 1. GT

1. Auflage, November 1990
2. Auflage, Januar 1992

Umschlaggestaltung: Gerhard Steidl
Gesamtherstellung: Steidl, Göttingen
ISBN 3-88977-239-0

Inhaltsverzeichnis

»Sieht so der Fortschritt aus?«

Tansania, 1979. Mzee Mbogo, ein Baumwollbauer aus Muhenda, erzählt einem deutschen Filmteam:

Die Ernte war in diesem Jahr miserabel! Und das lag am Wetter. In diesem Jahr war es ein Verlust. Ich habe mit meiner Familie sechs Morgen Land bearbeitet, aber wir haben nur 20 Sack geerntet (etwa eine Tonne). Aus diesen 20 Sack Baumwolle kriege ich natürlich keinen Gewinn zusammen. Wenn man die Zeit und die Arbeitskraft berücksichtigt, die wir hineingesteckt haben: Sechs Leute aus meiner Familie haben ein halbes Jahr lang geschuftet. Es ist ein Riesenverlust. Wir haben viel mehr hineingesteckt, als wir herauskriegen.

Ich kann Ihnen das mal vorrechnen, wie das normal so läuft. Es ist so: Allein das Pflanzen, Jäten, Sprühen und Ernten hat mir Kosten von 1900 Shillingen gebracht. Und für die 20 Säcke, oder vielleicht werden es noch drei mehr, bekomme ich beim Verkauf etwa 3000 Shillinge. Und das ist ein Verlust!

Es ist ein Verlust, weil – wieviel Zeit haben wir von Januar bis August hineingesteckt? Das sind ja acht Monate! Und das ist eine Menge an Zeit und Schufterei. Aber eine andere Frucht zum Verkauf haben wir eben nicht.

Unsere Leute hier machen die Baumwolle, und unsere Baumwollbehörde verkauft sie dann ins

Ausland. Nach Deutschland, England, Japan wird die verkauft. Und dort macht man Kleider daraus, und ein Teil davon wird dann von uns wieder zurückgekauft.

Diese Kleider sind dann furchtbar teuer! – Schauen Sie, seitdem Sie hier im Dorf sind, trage ich dieselben Kleider. Wir Bauern hier, wir müssen tagelang dieselben Sachen anziehen. Wir haben nichts zum Wechseln. Glauben Sie, daß so der Fortschritt aussieht?

*

Mexiko, Anfang der dreißiger Jahre. Gonzalo, der Baumwollpflücker, ist unzufrieden:

»Was tu ich mit den paar lausigen Kröten? Da hat man nun sieben Wochen geschuftet wie ein verrückter Negersklave, in der Glut, von früh um vier bis kurz vor Sonnenuntergang, dann heim. Und dann abgerackert, daß man kaum noch einen Knochen rühren kann, noch den elenden Fraß zu kochen und runterzuwürgen. Keinen Sonntag gehabt, kein Vergnügen, keine Musik, keinen Tanz, keine Mädchen, keinen Schnaps und den schlechtesten Tabak. Was soll ich mit dem Lausedreck da anfangen?« Dabei schob er mit dem Fuß das Geld fort. »Mein Hemd ist in Fetzen«, schimpfte er weiter, »meine Hose ein Lumpen, meine Stiefel, guck sie dir an, Antonio, keine Sohle, kein Oberleder, kein Nischt, sogar die Riemen sind zwanzigmal geknotet. Und nichts bleibt übrig, und geschuftet wie ein Pferd, ja, wären es wenigstens vierzig Pesos!«

Als er das sagte, heiterte sich sein Gesicht auf.

»Mit vierzig Pesos«, sagte er, »käme ich zurecht. Könnte nach Potosi fahren, mir neue Lumpen kaufen, damit man auch anständig aussieht, wenn man zu einem Mädchen ›Buenas tardes!‹ sagen will. Und man hat noch ein paar Pesos übrig, um es ein paar Tage auszuhalten.«

Aus lauter Verzweiflung und damit wenigstens einer 40 Pesos in der Tasche hat, beginnen die Männer ein Spiel um das Geld. Es endet mit dem Tod von Gonzalo.

B. Traven, Die Baumwollpflücker

*

Hazera Sultana, Gewerkschafterin, berichtet im Juli 1989 über exportorientierte Textilbetriebe in Bangladesh:

Die Stoffe werden hauptsächlich von Südkorea, Hongkong und Taiwan geliefert. In Bangladesh werden sie vorwiegend beschnitten und genäht. Die Firmenbesitzer sind so nicht wirklich unabhängig, und nur die Arbeitskräfte, die sie beschäftigen, können ihnen Gewinne bringen. Durchschnittlich arbeiten 300 Personen in einem Betrieb. Die meisten sind unverheiratet, 75 Prozent sind zwischen elf und 21 Jahre alt. Obwohl Kinderarbeit in Bangladesh verboten ist, ist ein größerer Teil der Angestellten erst elf oder zwölf Jahre.

Auch physische Gewalt wird in den Betrieben angewendet. Ein Beispiel: Als Frauen in einem der Betriebe die Auszahlung von geleisteten Überstunden forderten, wurde Gas in die Fabrikhalle geblasen und eine Frau in der Nähe des Ventilators festgebunden, der dazu eingeschaltet wurde.

Der Vorstandsvorsitzende einer großen Handelskette, B. Earle Pucket, auf einer Tagung von Modefachleuten in Manhattan:

Eine blühende Bekleidungsindustrie ist auf der Grundlage des einfachen Nutzwertes nicht möglich. Wir müssen den Verschleiß beschleunigen; unsere Aufgabe besteht darin, den Frauen die Freude an dem, was sie haben, zu nehmen. Wir müssen sie so unzufrieden machen, daß ihre Männer, wenn sie übermäßig sparsam sind, weder Ruhe noch Frieden finden.

*

Jean Claude Diallo, ehemaliger Informations- und Kulturminister in Guinea, auf einem Seminar im Oktober 1989:

Ein armes Land muß seine Grenzen öffnen – während die EG näher zusammenrückt und ihre Grenzen immer dichter werden läßt: zum Schutz der EG-Wirtschaft und -Landwirtschaft. Wir in Afrika dagegen dürfen das nicht. Wir müssen die Grenzen öffnen. Das ist eine der Forderungen, und weitere sind: Aufhebung von Preiskontrollen, Streichung von Subventionen, Privatisierung von öffentlichen Unternehmen. Das trifft die Schwachen.

Einleitung

Der Glanz der schönen Kleider, jeans- oder luxustauglich oder beides zugleich, »aufregend wie nie« zu Beginn jeder Modesaison, das Spektakel der Haute Couture in Paris, dieser fieberhaften Konkurrenz um den »Goldenen Fingerhut«: Nirgendwo sonst klaffen Schein und Wirklichkeit so weit auseinander wie in der Welt der Textilien. Immer kürzer werden die Abstände zwischen den Trends, immer schneller dreht sich das Modekarussell.

Was modern ist und was modert, hängt von der Betonung ab. Im Zeitalter der Massenproduktion wurde Nachfrage zusehends Produkt des Angebotes. Die Auswahl der Bedürfnisse wird vorgegeben – solange »König Kunde« mitspielt. Kleidung, Mode vor allem, ist ein hervorragendes Beispiel. Der Mensch paßt den Kleidern, die Kleider »passen« dem Menschen.

Der Philosoph Günther Anders nennt in seinem nach wie vor höchst aktuellem Werk »Die Antiquiertheit des Menschen« (1956) den raschen Wechsel der Mode eine Rachemethode der Industrie, »eine Maßnahme, durch die sie sich an der Haltbarkeit ihrer Produkte rächt. Den noch gut wärmenden Mantel macht sie, da sie ihn physisch nicht ruinieren kann, sozial unverwertbar«.

Nicht nur das Diktat der neuen Modelle, nicht allein das, was ins Auge sticht, das Wechselbad der

Formen und Farben, in den Revuen salopp mit »knalleng oder schlabberweit« oder gespreizt als »neue Reduziertheit« vorgetanzt, sondern auch so schlichte Selbstverständlichkeiten wie wasch- und knitterfest verbergen eine Fülle von Geschichten, die uns alle an und manchmal buchstäblich unter die Haut gehen. Nicht erst dort, wo wir's zu spüren bekommen, sind diese Geschichten wahr.

Spätestens, wenn die Augen tränen oder die Schleimhäute gereizt sind (dies liegt am neuen Hemd ohne vorheriges Waschen), stellt sich die Frage: Was ist noch tragbar? Bei Kleidern aus »100 Prozent Baumwolle« können bis zu 30 Prozent aus Kunstharzen und Farbstoffen bestehen, aus Aufhellern, Weichmachern, Parfümen und anderen Zusätzen. Von einigen dieser Chemikalien ist bekannt, daß sie Allergien oder sogar Krebs hervorrufen können. Formaldehyd ist bloß das bekannteste Beispiel dafür.

Auch die Kosten, damit ein neuer Modetrend groß herauskommt, sind beachtlich. Dior zum Beispiel steckt in die Dekoration und Verkaufsförderung eines neuen Modells rund eine Million DM. Ein Défilé bei einer Pariser Modenschau geht nicht unter 200 000 Mark über die Bühne. Eine Näherin in Südkorea hat sich mit 12 bis 15 DM pro 50- bis 60-Stunden-Woche zu begnügen. Die Zeitschrift »Cosmopolitan« hat einen anderen Begriff dessen, was noch tragbar ist: »Der neue Durchblick pfeift aufs Schamgefühl«. Der Blick, zu dem dieses Buch anregen will, ist von anderer Art. Und auch das Gefühl von Scham, um das es uns geht, hat mit einem anderen Durchblick zu tun.

Liberty in United Colours - erlaubt ist, was gefällt. So lautet der oberste Merksatz der Modebranche. Die »aktuellsten« Designs, so neu und vielfältig sie sind, tragen eine uralte Masche. Wenige halten die Fäden in der Hand, viele müssen den Gürtel enger schnallen. Die ArbeiterInnen in den sogenannten Billiglohnländern der Dritten Welt und bei uns. Die einen mehr, die anderen weniger. Die Textil- und BekleidungsarbeiterInnen in Hongkong, Südkorea, Sri Lanka etwa erhalten einen Lohn, der im Durchschnitt zehn bis 20 Prozent des Lohnes in vergleichbaren Branchen der Industriestaaten entspricht. Die bittere Realität hinter Schick und Glamour: 50 bis 60 Wochenstunden in kasernenartigen, manchmal mit Stacheldraht umzäunten Fabrikgebäuden, mangelnde Sanitäreinrichtungen und Sicherheitsvorschriften, kaputte Augen mit 30 Jahren und unterdrückte Gewerkschaften.

Häufig hören wir das Argument: »Die Konkurrenz der Billiglohnländer zwingt uns Unternehmer zum Abbau der Arbeitsplätze und zu Importrestriktionen.« Diese Fessel auch gewerkschaftspolitischen Denkens verkehrt im Handumdrehen Ursachen und Wirkungen. Die Nutznießer wie die Betroffenen sind jeweils dieselben. Die Produzenten investieren bei uns in die Rationalisierung und dort in billige Arbeitskräfte und günstige Standorte für neue Märkte. Ihre Konkurrenz tragen sie auf dem Rücken aller ArbeiterInnen aus. Im Norden wie im Süden folgt Unternehmenspolitik demselben Muster.

Multi-Fibre Agreement (MFA) nennt sich das im Juli 1991 auslaufende Welttextilabkommen.

Auch die Bundesrepublik, Österreich und die Schweiz sind Mitglied. Vor allem alternative Handelsorganisationen fordern gerechte Bedingungen für die Dritte Welt und damit auch ein Ende dieses Vertragswerkes, das fairen Löhnen, menschlichen Arbeitsbedingungen und lokalen Produktionsbedürfnissen abträglich ist. Bis zur Verwirklichung dieser Forderungen untätig zu warten, hieße eine wichtige Chance zu vergeben. Sie liegt in der wachsenden Zahl aufgeklärter KonsumentInnen, die sich genauer informieren, ehe sie ins Kleiderregal greifen und zur Kasse schreiten.

Die EZA-Dritte Welt in Österreich, die GEPA in Deutschland und die Organisation Schweiz-Dritte Welt bieten gemeinsam mit den Dritte-Welt-Läden Alternativen an. Diese Organisationen verlangen die Verwirklichung fundamentaler Menschenrechte im Bereich der Wirtschaft und des Handels.

Dem hehren Ideal der schrankenlosen Freiheit des Profits, als der Motor jeglichen Fortschritts unablässig gepriesen, müssen Grenzen gesetzt werden. Anzufangen ist vor allem dort, wo die Freiheit von wenigen auf Armut und Elend so vieler beruht. Das Ziel lautet: Die Welt der Kleider soll für alle tragbar werden.

Joe Kemptner

Der Stoff, aus dem die Stoffe sind

Die Hälfte aller insgesamt verwendeten Fasern sind Natur- (40 Prozent pflanzlicher, 10 Prozent tierischer Herkunft), die andere Hälfte Chemiefasern (knapp 10 Prozent zellulosischer, 40 Prozent synthetischer Art).

Naturfasern

Unterwäsche, Blusen und Hemden ebenso wie Kleider oder Anzüge, die das Kennzeichen »100 Prozent Baumwolle« tragen, werden aufgrund der vielfältigen Vorteile dieses Materials geschätzt. Es ist saugfähig, hautsympathisch, luftdurchlässig und, da kochfest, hygienisch; es ist haltbar, reißfest, beständig gegen Schweiß. Es ist - bis aufs Bügeln vielleicht - praktisch in der Pflege. Diese Vorteile machen Baumwolle zu einer gern getragenen Naturfaser. Aufgrund ihrer Eigenschaften ist sie bei Arbeitsbekleidungen besonders beliebt. Jeans waren bis vor 30 Jahren ausschließlich Arbeitshosen.

Baumwolle wird seit Tausenden von Jahren kultiviert. In Mexiko zum Beispiel fand man in einer Höhle Kapseln und Textilien, deren Alter auf 5800 Jahre geschätzt wird. Das anspruchsvolle Malvengewächs gedeiht im subtropischen Klima und ist heute in mehr als 30 verschiedenen Sorten bekannt. Alle brauchen »einen trockenen Kopf und nasse Füße«: ausreichend Feuchtigkeit und viel Sonne, mindestens 200 frostfreie Tage im Jahr und guten Boden. Stetes Unkrautjäten ist für einen Baumwollbauern lästige Pflicht. Nach fünf bis sechs Monaten sind die Samenkapseln der Pflanze reif; sie platzen auf, die schneeweißen Fasern werden sichtbar. Das Pflücken ist Knochenarbeit und zieht sich über zwei Monate hin, da nicht alle Pflanzen gleichzeitig reif werden. 18 Millionen Tonnen werden jährlich geerntet.

Baumwolle ist damit die weitaus bedeutendste Naturfaser. Weitere wichtige pflanzliche Fasern: Leinen (vor allem Tischdecken, Geschirrtücher, Bettwäsche, aber auch Schuhe, Reisetaschen und Koffer) sowie Hanf, Jute und Sisal, die für Säcke, Seile, Taue oder auch zum Abdichten verwendet werden.

Die wichtigste tierische Textilfaser ist die Schafwolle, die von den weltweit etwa 1,1 Milliarden Schafen geliefert wird. Aufgrund ihrer Wärmeisolationseigenschaften ist Wolle bestens geeignet für Winterkleidung, Gesundheitswäsche, Socken, Strümpfe und ähnliches.

Zu dieser Gruppe gehören auch die von anderen Tieren (wie Alpaka, Lama, Kaschmirziege, Mohairziege, Angorakaninchen) produzierten Wollfasern sowie die Seide, die von den Raupen des Maulbeerspinners, eines Nachtfalters, gesponnen wird. Der größte Teil der weltweit produzierten Seide stammt aus China, wo das Wissen um die Entstehung der Seide während vieler Jahrhunderte als Staatsgeheimnis gehütet wurde.

Chemiefasern

Zellulosische Fasern bestehen aus Baumwoll- oder Leinenabfällen, Baumstämmen von Kiefern und ähnliches, die durch chemische und physikalische Verfahren zu Fasern verarbeitet werden. Die bekanntesten Fasern aus dieser Gruppe sind: Viskose (besonders für Futterstoff und Oberbekleidung), Modal (meistens in Mischungen mit Baumwolle bei Freizeitbekleidung, Tisch- und Bettwäsche), Cupro (nur mehr selten verwendet) und (Tri-)Acetat (Futterstoffe, Blusen, modische Sommerbekleidung).

Synthetische Fasern werden aus Erdöl, Erdgas und Kohle hergestellt. Ihr Siegeszug begann 1938, als die Firma DuPont die künstlich hergestellte Faser Nylon patentieren ließ.

Die wichtigsten Faserarten sind Polyester (mit Handelsnamen wie Diolen, Tergal, Trevira), Polyamid (unter anderem Nylon, Perlon) und Polyacryl (Dralon, Orlon, Dunova). Alle drei werden auf vielfältigste Weise in der Bekleidungs- und Heimtextilindustrie eingesetzt.

Die Chemiefaserproduktion liegt zu 60 Prozent bei nur zehn großen Firmen. Die europäischen unter ihnen sind: Akzo (NL), Hoechst (D) und Rhône-Poulenc (F), Cortaulds und ICI (GB).

Jean-Marie Krier

Wäre der Preis von Baumwolle seit 1960 gleich schnell gestiegen wie von Geweben, hätte Österreich für Baumwollimporte aus der Dritten Welt 336 Mill. ÖS mehr zahlen müssen.

Sandkorn *Quelle: ÖStZ, Österr. Außenhandelsstatistik, div. Jg.*

»King Cotton«

Kaum jemand, der heute seine Jeans anzieht, weiß, daß Baumwollgewebe noch vor gut 200 Jahren ein sehr arbeitsaufwendiges Produkt und oft teurer Luxus war. Erst die maschinelle Verarbeitung machte es populär. Die weiße Malvenkapsel liefert einen jener Rohstoffe, die Industrialisierung und Technisierung von Beginn an begleitet haben, mit denen entscheidende Kapitel von »Entwicklung« und »Unterentwicklung« geschrieben worden sind.

Heute wird Baumwolle in 80 Ländern angebaut, 180 Millionen Menschen leben von ihr. Von »Fortschritt« und »Entwicklung«, über Jahrhunderte mit »King Cotton« verbunden (der britische Historiker Hobsbawm: »Wer Industrielle Revolution sagt, meint Baumwolle«), erfahren sie kaum etwas. Statt besser wird ihre Situation immer schlechter: Jedes Jahr müssen sie mehr Baumwolle verkaufen, um einen Meter Stoff oder ein Kleid aus dem Ausland kaufen zu können (vgl. Grafik).

Baumwolle ist nur ein Beispiel. Der Wertverfall gilt für die meisten Rohstoffe. Umgekehrt werden fast alle vom reichen Norden gelieferten Industrieprodukte, die die Länder in Afrika, Asien und Lateinamerika einführen (müssen), teurer.

Die Last dieser ungleichen Preisentwicklung tragen Menschen wie der tansanische Baumwollbauer Mbogo, deren Einkommen sinkt. Die sogenannten Terms-of-trade-Verluste sind eine wichtige Ursache für die Verschuldung vieler Länder. Um Zinsen und Tilgung bezahlen zu können, müssen die Staaten Devisen erwirtschaften. Exportprodukte verdrängen nicht selten Grundnahrungsmittel und verschlimmern dadurch die Ernährungssituation.

Noch mehr Rohstoffe für den Weltmarkt anzubauen, ist keine Lösung. Den Profit daraus ziehen wenige große Handelshäuser, die den Weltmarkt beherrschen. Bei Baumwolle beispielsweise kontrollieren 15 Firmen 80 bis 90 Prozent des Welthandels. Volkart Brothers (CH) und Rolli Brothers (GB) sind die europäischen Vertreter unter ihnen.

Vom Luxusgut zur Alltagsware

Vorindustriell produzierter Baumwollstoff war sehr arbeitsintensiv. Um ein Pfund Baumwollgarn zu erhalten, waren vor 1770 (damals begann die erste Spinnerei im englischen Nottingham ihren Betrieb) zwölf volle Arbeitstage notwendig: die dafür notwendigen Kapseln wurden geerntet, die Kerne von den Samenhaaren entfernt, die Fasern gesäubert, gekämmt, dann gepreßt und schließlich gesponnen. Entsprechend teuer war heimisches Baumwollgewebe. Billiger waren schon damals Importe aus Indien.

Maschinen steigerten die Produktivität. Männer wie Lewis Paul oder Richard Arkwright, die die ersten Spinnmaschinen für Baumwolle konstruierten, erhofften sich große Gewinnmöglichkeiten. 50 ungelernte Arbeiter in der noch von Pferden angetriebenen ersten Spinnerei in Nottingham verrichteten bereits die Arbeit von 2500 HeimarbeiterInnen.

Die Nachfrage nach der weißen Wolle stieg sprunghaft an. 1765 waren in England 500 000 Pfund Baumwolle versponnen worden, ausnahmslos von Hand; 1775 waren es zwei Millionen Pfund und 1784 bereits 16 Millionen. In jenem Jahr wurden im Hafen von Liverpool die ersten Baumwollballen aus den Vereinigten Staaten gelöscht: Die USA hatten mit dem Baumwollanbau begonnen.

Ein dreiviertel Jahrhundert später war der Preis für industriell hergestelltes Baumwolltuch auf ein Hundertstel gefallen. Manchester- oder Schnürlsamthosen konnten sich nun viele leisten. Größtenteils wurde die Ware noch in England hergestellt, aber der gesamte Baumwollbedarf mußte eingeführt werden.

Baumwolle war zum wichtigsten Handelsgut der Welt geworden, und vier Fünftel lieferten die USA. Im Süden der Vereinigten Staaten hatte sich die Zahl der schwarzen Sklaven in einem Jahrhundert verachtfacht. Neben Zucker, Kakao und Kaffee ist Baumwolle eines der »klassischen« Produkte, derentwegen AfrikanerInnen versklavt und im sogenannten »Dreieckshandel« zwischen Europa, Afrika und Amerika vermarktet wurden. Man schätzt, daß der schwarze Kontinent durch den transatlantischen Menschenhandel an die 50 bis 100 Millionen Menschen verloren hat.

Das Interesse an der Baumwolle hat einerseits den industriellen Fortschritt ganz wesentlich beflügelt, andererseits ist mit dem »Weißen Gold« unendliches soziales Elend verbunden - nicht nur bei den Sklaven, auch bei den ersten englischen Textilarbeitern und Wollhandwerkern. Der Historiker Henry Hobhouse: »Binnen zweier Generationen mußten sich die Baumwollarbeiter an Schichtarbeit mit häufigen Nachtschichten gewöhnen; oft mußten sie in kleinen, Rückseite an Rückseite gebauten Hütten leben, die den Unternehmern gehörten und weder sanitäre Einrichtung noch einen Garten oder viel frische Luft hatten. Die Arbeiter lebten unter schlechteren Bedingungen als noch ihre Großväter und - auch wenn man darüber streiten kann - schlechter als die Sklaven, die in den amerikanischen Südstaaten Baumwolle für die Fabriken in Lancashire anbauten.«

Wollsocken und Nylonstrümpfe

In unseren Breiten hat Baumwolle Materialien wie Leinen, Flachs oder Schafwolle verdrängt. Österreich-Ungarn war für Deutschland früher über lange Zeit nach Rußland der wichtigste Flachs-Rohstofflieferant. Und noch im Jahre 1860 wurden in Deutschland 28 Millionen Wollschafe gehalten, 1916 nur noch fünf Millionen. Die Versuche, Stoffe maschinell zu produzieren, konzentrierten sich in erster Linie auf die Verarbeitung der Baumwolle. Nach und nach verlor sie das Flair des Luxusprodukts, und bis heute wird Baumwolle wegen seiner Qualitäten und seines Preisvorteils geschätzt. Handgestrickte Wollsocken oder Pullover dagegen sind kaum mehr Alltagsprodukte und nur selten Geschenke. Wolle, Flachs oder Leinen sind »unmodern«, selbst unsere Bettwäsche ist längst aus Baumwolle - auch wenn wir sie nach wie vor »Leintuch« nennen.

Einen ernsthaften Konkurrenten erhielt das »weiße Gold« erst zu Beginn unseres Jahrhunderts. Diese Geschichte begann mit der Erkenntnis, daß Baumwolle auch zur Sprengstofferzeugung verwendet werden kann.

Dem schwäbischen Universitätsprofessor Christian Friedrich Schönbein explodierte nämlich 1845 in Basel ein Kachelofen, als er in ihm in Salpeter- und Schwefelsäure getauchte Baumwolle trocknen wollte. Damit war nicht nur die Schießbaumwolle erfunden, Schönbein entdeckte durch jene Experimente auch den Weg, Zellulose in gelöster Form zu erzeugen. Bis zu Beginn unseres Jahrhunderts entstand daraus eine neue Industrie, jene der Kunstfasererzeugung, ohne die Frauen keine Nylonstrümpfe tragen würden.

Anton Zischka, der diese Geschichte in seinem 1935 erschienenen Buch »Der Kampf um die Weltmacht Baumwolle« nachzeichnet, beschreibt das Interesse der Industrie an der Chemie-Konkurrenz: »Die stetig steigenden Baumwollpreise – die Durchschnittsnotierung für ein Pfund betrug zwischen 1899 und 1904 5,44 Pence, zwischen 1909 bis 1914 schon 7,16 Pence und zwischen 1919–1924 16,23 Pence – alarmierten ein paar weitblickende Volkswirtschaftler. Und so wurde nicht nur überall auf der Welt die Schafzucht intensiviert, die Seidenproduktion erhöht, sondern man versuchte auch schon sehr bald nach dem amerikanischen Sezessionskrieg, den natürlichen Rohstoff durch künstlichen zu ersetzen. Man hatte gefunden, daß Baumwolle im Grunde nichts anderes als eine Sonderform von Zellulose ist. Man hatte gelernt, Zellulose aus Abfallholz herzustellen. Und bald versuchten Chemiker in Deutschland, Frankreich, England und Amerika, aus dieser Zellulose verspinnbare Fasern zu machen.«

Heute produziert ein einziges Chemiefaserwerk jeden Tag 150 Tonnen Fasern – um Schafwolle in dieser Menge zu erzeugen, bräuchte man 37 500 Schafe mit einer Weidefläche von 107 Quadratkilometern, für die gleiche Menge Baumwolle vier Quadratkilometer Anbaufläche. (Die Chemie-

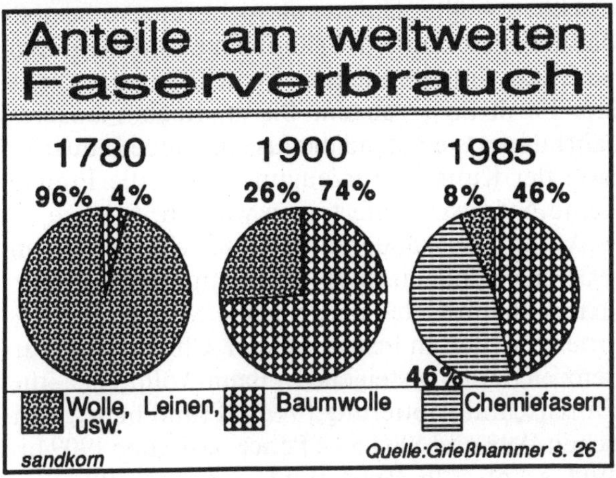

faserindustrie verbraucht allerdings auch ihren Rohstoff: Sie verarbeitet elf Millionen Tonnen Erdöl im Jahr.)

Der von Zischka erwähnte und von der Industrie intendierte »Preisdrückereffekt« der chemischen gegenüber den natürlichen Fasern besteht bis heute. Und er trifft nicht nur bei der Baumwolle zu, wie viele andere Beispiele belegen. Plastik verdrängte Jute; Buna, der Kunst-, den Natur-Kautschuk zur Gummiherstellung und so weiter. Besonders hart trifft das die ProduzentInnen in jenen Ländern, in denen ein solch altes, natürliches Produkt arbeitsintensiv angebaut wird und in denen ein Großteil der Deviseneinnahmen von dessen Exporten abhängen oder -hingen: in den meisten Fällen die ärmsten Länder im Süden beziehungsweise deren BäuerInnen.

Die Chemiefaserproduktion ist mittlerweile äußerst vielfältig und reicht von der Herstellung von Teppichen, Tapeten, Sesselüberzügen und den sogenannten Heimtextilien bis hin zur Erzeugung der äußerst reißfesten Geotextilien, die unter anderem zur Stabilisierung des Untergrundes beim Straßenbau verwendet werden – oder eben von Nylonstrümpfen, die noch immer oft nach kürzester Zeit wegen Laufmaschen weggeworfen werden müssen. Nur wegen dieser vielfältigen Verwendung ist es verständlich, daß trotz des starken Trends, bei Bekleidung vermehrt Naturfasern zu verwenden, der Anteil der Chemiefaser gegenüber der Naturfaser nach wie vor zunimmt und die 50-Prozent-Marke fast erreicht hat.

Die Chemieindustrie liefert der Textilindustrie einen großen Teil der Fasern. Auch für die Naturfasern stellt sie vielfältige Materialien her: angefangen von Pestiziden für den Anbau bis hin zu Veredelungsprodukten (Formaldehyd zum Beispiel) und Farben. Über die Hälfte aller produzierten Farbstoffe wird von der Textil- und Bekleidungsindustrie verbraucht – weltweit pro Jahr mehr als 400 000 Tonnen, rund 30 000 Tonnen allein in der Bundesrepublik. Immer kurzlebigere Modetrends garantieren einen beträchtlichen Verbrauch.

Die Nebenkosten tragen beispielsweise jene KonsumentInnen, die unter der sogenannten Strumpffarbenallergie leiden, einer lästigen Nebenerscheinung, die die Perlonstrumpfhose seit ihrer Einführung um 1940 begleitet. Durch das Tragen einer neuen Strumpfhose können Menschen innerhalb von einer halben Stunde Hautrötungen oder Schwellungen bekommen.

Auch die Umwelt hat Nebenkosten zu tragen: Bei der Produktion der Farben entstehen als Abfallprodukte unter anderem beträchtliche Mengen an Säuren und Salzen, und beim Einfärben von Textilien ziehen zwar 60 Prozent der verwendeten Menge in die Fasern ein, aber 40 Prozent gelangen ins Abwasser.

Chemie sorgt nicht nur für die Farbe. Die Textilveredelung kann Fasern und Stoffe mit den verschiedensten Eigenschaften ausrüsten. Naturfasern werden bearbeitet, damit sie pflegeleicht wie Chemiefasern werden; Babywäsche wird oft einem Verfahren unterworfen, das Hemdchen und Höschen besonders weich macht. Andere Ausstattungen sind Behandlungen gegen Mottenbefall, zur Erhöhung der Scheuerfestigkeit, zur »Hydrophilierung« (Erhöhung des Wasseraufnahmevermögens), zur »Hydrophobierung« (Verstärkung des wasserabweisenden Charakters), zur Bleichung oder zum Flammschutz. Der Phantasie sind heute fast keine Grenzen mehr gesetzt.

Naturfasern ohne »Pflegeleicht-Ausstattung« werden kaum noch verkauft. 90 Prozent aller Naturtextilien sind chemisch behandelt, und Formaldehyd, in Kunstharzen gebunden, ist fast immer dabei. Die Textil- und Bekleidungsindustrie in der Bundesrepublik verbraucht jährlich 7500 Tonnen dieser krebserregenden Substanz. Auch wenn das nur 1,5 Prozent der bundesdeutschen Jahresproduktion sind, so ist gerade dieser kleine Teil dafür verantwortlich, daß Formaldehyd heute nahezu jeden Bundesbürger erreicht.

Das »Dreckige Dutzend«

150 000 Tonnen Pflanzenschutzmittel (Pestizide) werden beim Baumwollanbau in der Dritten Welt jedes Jahr verbraucht: 18 Prozent des Weltverbrauchs oder rund die Hälfte dessen, was in der armen Welt insgesamt versprüht wird.

Kaum sind die Baumwollsetzlinge ausgebracht, beginnt auch schon die chemische Behandlung. Mit Fungiziden und Quecksilberverbindungen werden vorbeugend Bakterien- und Pilzerkrankungen bekämpft. Mit Herbiziden und Insektiziden wird dann während der gesamten Wachstumsperiode gegen Unkraut und Schädlinge angekämpft. Dort, wo maschinell geerntet wird, wird zuletzt auch noch mit Entlaubungsmitteln gearbeitet.

Nur allzu oft werden hierbei Mittel eingesetzt, die in unseren Ländern schon seit Jahren verboten sind. Ohne Pestizide wie DDT, Aldrin, Endrin, Camphechlor, Paraquat, Lindan, Chlordimeform geht im Baumwollanbau so gut wie nichts. All diese Substanzen zählen zum sogenannten »Drekkigen Dutzend«, einer Gruppe von höchst gefährlichen Pflanzenschutzmitteln.

Wie leichtfertig und verantwortungslos mit der Gesundheit von Menschen umgegangen wird, sofern sie nur weit genug von uns weg sind und sich nicht wehren können, läßt sich anhand des Insektizids Galecron (Wirkstoff: Chlordimeform) aufzeigen. Galecron, ein Produkt der Firmen Ciba-Geigy (CH) und Schering (D), wurde seit 1968 verkauft. Schon 1976 wurde die Produktion für zwei Jahre eingestellt, da sich inzwischen der Verdacht, das Mittel könnte krebserregend sein, verdichtet hatte. Ab 1978 wurde Galecron in den USA wieder produziert, wobei die dortige Umweltschutzbehörde sehr strenge Auflagen für die Anwendung festlegte. In der Dritten Welt sind sie kaum einzuhalten. Dennoch wurde das Mittel auch dort vertrieben. Die Schweizer Organisation »Erklärung von Bern« konnte Ciba-Geigy nachweisen, daß die Firma 1979 und 1980 geheimgehaltene Untersuchungen in Guatemala, Mexiko, Nicaragua, El Salvador, Kolumbien und Bolivien durchführen ließ, in denen die schleichende Vergiftung der mit Galecron beschäftigten Landarbeiter nachgewiesen wurde.

Ein großer Teil dieser Chemikalien wird vom Flugzeug aus versprüht. Dabei kommt höchstens die Hälfte auf die anvisierten Felder. Der Rest trifft Tiere und Pflanzen der Umgebung.

Durch diese Überdosis an Chemikalien gewöhnt sich die Umwelt langsam an das Gift. Größere Mengen und stärkere Gifte werden nötig. Dennoch nützen sie wenig. Immer mehr Bakterien, Tiere und Pflanzenarten werden gegen diese Mittel resistent. Der in den letzten Jahren zu verzeichnende Wiederanstieg der Malaria-Krankheit in vielen Ländern der Welt hat seine Ursache darin, daß der Übertrager der Krankheit, die Anopheles-Mücke, inzwischen in vielen Gebieten gegen DDT und ähnliche Mittel quasi-immun geworden ist.

Durch die Notwendigkeit immer größerer und stärkerer Dosen wachsen die direkten Kosten des Pestizideinsatzes immer schneller. Manchmal bis zu dem Punkt, wo sich der Baumwollanbau nicht mehr auszahlt. Die größte Baumwollplantage der Welt, das Gezira-Projekt (zirka 8000 Quadratkilometer) im Sudan ist ein Beispiel dafür. Nach 40 Jahren Chemieeinsatz und vielen 100 000 Tonnen umweltbelastenden Verbrauchs ist der Boden ausgelaugt und das Wasser zum Teil vergiftet. Die Erträge haben sich in diesen vierzig Jahren um ganze vier Prozent erhöht, die Kosten hingegen sind explodiert. Von international gewährten Krediten mußte mehrmals fast die Hälfte für den Import von Pestiziden ausgegeben werden.

Während die Chemie-Multis ihre Gewinne wachsen sehen, werden die Probleme für die Menschen und die Umwelt in der Dritten Welt laufend größer. Nach Schätzungen der Weltgesundheitsorganisation (WHO) werden in der Dritten Welt jedes Jahr mehr als 500 000 Menschen durch Pflanzenschutzmittel vergiftet, mehr als 10 000 sterben daran. Das Pestizid-Aktions-Netzwerk (PAN) hat sich die Bekämpfung des sogenannten »Dreckigen Dutzends« zum Ziel gesetzt. Bereits in 50 Ländern arbeiten zahlreiche chemie-kritische Gruppen in ihm mit.

Jean-Marie Krier

Der Baumwoll-Boom und das Gift

In den fünfziger Jahren wurde der Baumwollanbau in Nicaragua intensiv gefördert. Zwischen 1950 und 1973 wuchs die mit Baumwolle bewirtschaftete Fläche von 15 000 auf 250 000 Hektar; Kaffee, der zuvor rund 50 Prozent der landwirtschaftlichen Exporte ausgemacht hatte, wurde durch Baumwolle als Hauptdevisenquelle abgelöst. Von 1961 bis 1967 stieg der Baumwollertrag jedes Jahr um rund 25 Prozent an; 1971 lag Nicaragua in der Weltbaumwollproduktion an 15. Stelle und bei den Erträgen (947 Kilogramm/Hektar) sogar auf Platz fünf.

Die Expansion des Baumwollanbaus führte zur Vertreibung kleiner Landbesitzer, Pächter und Bauern von den Ländereien der Pazifikküste, die für die Kultivierung der Baumwolle besonders geeignet ist. Während die Baumwollfelder immer größer wurden, ging die Fläche, auf der die Kleinbauern Grundnahrungsmittel (Mais und Bohnen) kultivierten, um über 50 Prozent zurück.

Dem Baumwollboom folgte ein Chemieboom. Der Einsatz von Methylparathion, einem extrem gefährlichen Gift, führte unter Nicaraguas LandarbeiterInnen zu Hunderten von Vergiftungen und Dutzenden von Toten. DDT, Endrin oder Dieldrin wurden auch dann noch eingesetzt, als sie in den Herstellerländern längst verboten waren.

Eine andere Folge: 1967 wies die US-amerikanische Importbehörde eine Schiffsladung von mehr als 300 000 Pfund nicaraguanischen Rindfleisches wegen zu hoher DDT-Rückstände zurück. Die Tiere hatten Gräser in der Nähe behandelter Baumwollfelder gefressen. Um die Beseitigung der Abwässer und Abfälle, die beim Auftanken und Reinigen der Gift-Flugzeuge entstehen, kümmerte sich zu Zeiten des Diktators Somoza niemand. Niemand scherte sich auch um die zahlreichen Grundwasserverseuchungen oder hinterfragte den für Nicaragua immer unwirtschaftlicher werdenden Einsatz all dieser Gift.

Nach der Revolution von 1979 richtete die sandinistische Regierung ein nationales Komitee für integrierten Pflanzenschutz ein. Ansätze eines biologischen Pflanzenschutzes wurden entwickelt und im Baumwollanbau teilweise umgesetzt – soweit es die wegen des Bürgerkriegs immer knapper werdenden finanziellen Ressourcen zuließen. Es deutet einiges darauf hin, daß unter der neuen Regierung von Frau Chamorro und den zurückkehrenden Großgrundbesitzern diese Interessen kaum mit dem früheren Engagement weiterverfolgt werden.

Die reichen Industrienationen

Der Bauer Mbogo bekommt in Tansania für seine Baumwolle so wenig bezahlt, daß er sich kaum Kleider kaufen kann. Um sie selbst herstellen zu können, reicht bei den vielen Verarbeitungsschritten, vom Spinnen und Weben angefangen bis zum Nähen der Kleider, die Zeit einfach nicht. Die meisten in Tansania verkauften Textilien werden importiert. Zwar gibt es im Land einige kleinere Gewerbe- und Verarbeitungsbetriebe, zur Versorgung reicht ihre Produktion aber weder im Textilbereich (die Verarbeitung der Faser zu Fäden, Garn und Stoffen) noch in der Bekleidungsindustrie (aus Stoffen werden Kleider) aus.

Für die einheimischen Produkte sind die Importwaren - obwohl für die Bevölkerung nicht billig - eine starke Konkurrenz, vor allem, wenn sie auf Märkten als Second-hand-Ware angeboten werden. Nur wenige Länder wie zum Beispiel die vier asiatischen »Tiger« Hongkong, Südkorea, Singapur und Taiwan und etwa zehn bis 15 weitere Staaten, unter ihnen Bangladesh, die Philippinen und Brasilien, haben heute eine Textil- beziehungsweise Bekleidungsindustrie mit nennenswerten Exportanteilen. Dabei verfügt die Mehrheit der Staaten in Afrika, Lateinamerika und Asien durchaus über Rohstoffe pflanzlicher oder tierischer Herkunft. Hongkong oder Südkorea wiederum, die zu den größten Bekleidungsexporteuren zählen, verarbeiten keine eigenen Rohstoffe. Auch die Maschinen stammen nicht oder nur zum kleinsten Teil aus dem eigenen Land.

Europa hat mögliche Konkurrenten immer kleinzuhalten gewußt. Die Zerstörung der Textilindustrie von Indien und Ägypten sind klassische Beispiele dafür. Noch heute wird der Rohstoff Baumwolle in die Industrieländer zollfrei eingeführt. Je stärker er jedoch verarbeitet ist, desto höher sind die Abgaben. Auf Kleidungsstücken lastet ein höherer Zoll als auf Stoffen.

Österreich hat ähnlich wie die EG mit sehr vielen Ländern sogenannte Präferenzzollabkommen. Das heißt, für sie sind die Zollsätze etwas niedriger als »normal«, betragen aber immer noch zwischen fünf und 20 Prozent. In der EG selbst und zwischen ihr und Österreich werden Tuch und Kleid zollfrei gehandelt. Für die Überseeländer bedeutet das eine erhebliche Benachteiligung.

Die fernöstlichen »Schwellenländer« haben in den letzten Jahrzehnten dennoch beachtliche wirtschaftliche Erfolge erzielt. Die Entstehung ihrer Textilindustrie ist nicht zuletzt darauf zurückzuführen, daß Japan in den sechziger Jahren für seine Unternehmen neue Standorte suchte und daher in den benachbarten Ländern zu investieren begann. Es dauerte nicht lange, bis auch die europäische Bekleidungswirtschaft nachzog. Nach Asien wurde sie vor allem von den »Mädchen« angelockt – so pflegen Manager die großteils jungen Frauen zu nennen, die in ihren Fabriken arbeiten.

Viele stehen in »Freihandelszonen« - abgeschlossenen Gebieten mit besonderen Steuer- und Handelsvergünstigungen für die dort tätigen Unternehmen. 1986 arbeiteten dort rund 1,3 Millionen Menschen. Zwei Industriezweige, Textil und Bekleidung sowie Elektronik, sind in den meisten Zonen die dominierenden Branchen. Durchschnittlich 85 Prozent der Arbeitskräfte sind junge Frauen.

Den Frauen wird noch weniger gezahlt als Männern. Und man behauptet, daß sie die Monotonie dieser Arbeit besser ertragen könnten. 30jährige gehören oft schon zum »alten Eisen«. Akkordzeiten für junge, noch unverbrauchte Arbeitskräfte können kürzer gehalten werden; wer nicht mehr mithalten kann, wird entlassen. Im Textilbereich gehören viele Betriebe lokalen Unternehmern, die als Kontraktpartner für ausländische Firmen arbeiten wie zum Beispiel Levi-Strauß, den weltweit größten Jeansproduzenten. Die umsatzstarken Konzerne sind so in der Standortwahl noch flexibler, und die Arbeitsbedingungen, unter denen unsere Kleidungsstücke hergestellt werden, bleiben weitgehend im Verborgenen.

Kleine Preisunterschiede ...

Die gesamten Fertigungskosten für Stoffe in der BRD sind nur rund 20 % teurer als in Südkorea. In allen Vergleichsländern sind die Kosten für Halbfertigprodukte und Zinsen teurer als in der BRD. Rechnet man Transport nach Europa und Zölle dazu, sind BRD-Stoffe in vielen Fällen billiger.

... und großes Lohngefälle

Hilfskräfte in der BRD verdienen fast 17 mal mehr als in Indien. Eine Verdoppelung der Löhne in Indien würde die gesamten Fertigungskosten um nur weniger als 10 % verteuern.

Produktionsverlagerungen

von Nord nach Süd werden nicht nur wegen der billigen Löhne vorgenommen, sondern auch aus Gründen wie Nähe zu den lokalen Märkten in Süd oder Fernost, Steuerfreiheit auf Gewinne usw.

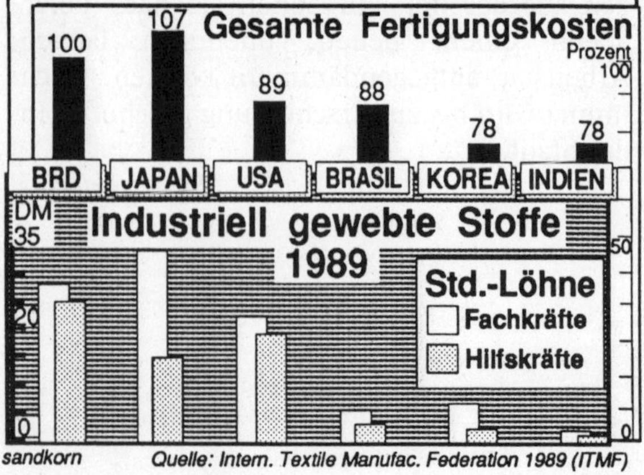

sandkorn Quelle: Intern. Textile Manufac. Federation 1989 (ITMF)

Die falsche Tür in Seoul

Im Flanierviertel Myongdong, über den glitzernden Katakomben, in denen jeweils einmal im Monat das Überleben geübt wird, öffnete ich eine falsche Tür - aus Versehen. Ich wollte einen Saal aufsuchen, in dem sich No-Spieler über ihre Bretter mit den weißen und schwarzen Steinen beugen. Aber ich blickte plötzlich in erschreckte, müde Gesichter von Dutzenden von jungen Mädchen, die mit gekrümmten Rücken hinter Nähmaschinen saßen. Und neben den Maschinen standen die Elektrokocher, auf denen sie sich etwas Warmes zubereiten konnten. Und neben den Elektrokochern waren die Matratzen ausgebreitet, auf denen sie nach Feierabend einem neuen, unendlich langen Arbeitstag entgegendämmern können. Noch immer wird bis zur Erschöpfung geschuftet in der Stadt.

Peter Sartorius

Die Zerstörung des indischen Handwerks

Indien lieferte im 17. und 18. Jahrhundert auf der Basis einer traditionellen Handwerkstechnik die besten und billigsten Baumwollprodukte der Welt und war auf dem besten Wege, seine eigenständige Textilindustrie auszubauen und dem vermehrten Bedarf anzupassen. Teilweise war dies zwar durch die Mechanisierung der Baumwollverarbeitung in England verhindert worden, aber die indische Industrie blieb für die Briten eine lästige Konkurrenz.

Bis die britische Kolonialherrschaft zu Beginn des 19. Jahrhunderts auf beinahe ganz Indien ausgedehnt worden war. Die Geschäfte oblagen zunächst zur Gänze der Ostindischen Gesellschaft, erst 1858 gingen sie an die Regierung in London über. Die Folgen für Indien waren verheerend. Protektionistische Maßnahmen Londons zugunsten heimischer Produkte sorgten für die totale Ausschaltung indischer Waren vom englischen Markt. Gleichzeitig überschwemmten englische Industrieprodukte den indischen Markt. Zehntausende indische Betriebe mußten aufgeben. Weber, Spinner, aber auch Metallarbeiter strömten - völlig verarmt - zurück aufs Land. Indien verfiel wirtschaftlich und wurde auf einen rückständigen Agrarstaat zurückgeworfen. Zwei Zahlenvergleiche: Zwischen 1814 und 1835 konnte England den Export seiner Baumwollprodukte von 26 000 auf 400 000 Pfund vervielfachen. Der Export indischer Baumwollgüter sank im selben Zeitraum von 1,3 Millionen auf weniger als 100 000 Pfund. Das Land wurde von seiner Kolonialmacht zum Rohstofflieferanten degradiert.

Lied der Daumenlosen

Als wir nach Bengalen kamen,
klapperten dort die Weberrahmen
der großen Baumwollweberein,
da konnten wir nicht ruhig sein.
Klipp klapp, klipp klapp.
Wir schnitten ihnen die Daumen ab,
den bengalischen Webern die Daumen ab,
da konnten sie nun nicht mehr weben,
so grausam ist eben das Leben.
Schnipp schnapp, schnipp schnapp.
Denn ganz Indien sollte sein
ein Markt für unsere Weberein,
ein Plan entstand in unsrem Hirn,
wie wir die Konkurrenz ruiniern.
Klipp klapp, klipp klapp.
Wir schnitten ihnen die Daumen ab, ...
Es fehlten ihnen die Daumen sehr,
drum brauchten sie auch keine Webstühle mehr,
in Manchester ist nun das Straßenbild
vom Klappern der Weberrahmen erfüllt.
Klipp klapp, klipp klapp.
Wir schnitten ihnen die Daumen ab, ...
Alle Baumwollstoffe in der Welt
sind jetzt in England hergestellt,
der Export steigt in strahlenden Zahlen,
wir liefern natürlich auch nach Bengalen.
Klipp klapp, klipp klapp.
Wir schnitten ihnen die Daumen ab, ...

Aus dem Album »Die letzte Welt«
der Wiener Gruppe »Die Schmetterlinge«

Der »Friedensmarkt«

Jong Sokk Min arbeitet im »Friedensmarkt«, einem Gebiet mitten in Seoul. Zwei Drittel aller Textilien für den koreanischen Markt werden hier produziert, rund 30 000 Menschen finden in den unzähligen kleinen Betrieben Arbeit. 70 Prozent von ihnen sind Frauen. Ihre Arbeitsbedingungen sind kaum vorstellbar. Ein 12- bis 15-Stunden-Tag ist die Regel, im Winter, in der Hochsaison, wird bis nach Mitternacht genäht. Viele Räume haben einen eingezogenen Boden: Die Decke ist so niedrig, daß die Arbeiterinnen nur sitzen können.

Jong Sokk Min hat Tagebuch geführt. 1977 wurde es veröffentlicht, aber aktuell ist es noch heute.

Die Fabrik sieht aus wie ein Gefängnis: ein Backsteingebäude mit wenig Fenstern. Wir arbeiten in einer großen Halle, die mit dünnen Holzwänden in verschiedene Sektionen unterteilt ist. Zur Straße hin hat es keine Fenster. Vielleicht will die Firma nicht, daß Leute hereinschauen. Es riecht staubig. Die paar Ventilatoren reichen nicht für diesen großen, muffigen Raum voll Stoffballen, Nähmaschinen und Menschen.

Die jungen Mädchen, die als Lehrlinge (shidas) hier arbeiten, bereiten den Stoff vor oder verpakken die letzten Kleider, die wir gestern abend fertig machten. Arme Mädchen. Mit 15 Jahren sollte einen noch die Mutter umsorgen. Statt dessen müssen die Lehrmädchen früher aufstehen als ich. Wie müde müssen sie sein!

Am ersten Tag, als Heran, eines jener Lehrmädchen, bei mir arbeitcte, fragte ich sie, weshalb sie denn an einen Ort wie den Friedensmarkt komme. Sie brauche Geld, sagte sie. Geld! Ihre Familie muß gewiß schmal durch. Denn der Betriebsleiter zahlt ihr 6000 Won (damals 20 DM) im Monat. Ich gebe ihr weitere 2000 Won, wenn ich etwas extra verdiene. Nicht, weil ich selber zuviel habe oder Gutes tun will, aber vom Lohn einer *shida* kann man nicht leben. Wir Näherinnen versuchen, ihnen ein wenig zu helfen. Auch so kommen sie bloß auf 8000 Won pro Monat, bei 13 Stunden am Tag. Wie sollen sie sich da durchbringen?

Die Mädchen setzen alles, was sie haben, für diese 8000 Won ein - Körper, Herz, Wachstum, alles. Nach Abzug der Kosten für den Bus bleibt ihnen gerade genug für eine Schale Buchweizensuppe am Tag. Und doch fallen diese winzig kleinen Einkommen für ihre Familien ins Gewicht. Herans Vater hat die Familie verlassen. Ihre Mutter verkaufte früher Fische auf dem Straßenmarkt, aber die Straße wurde verlegt, und sie verlor ihre Arbeit. Jetzt verdient sie 200 bis 300 Won am Tag durch Heimarbeit (sie klebt Briefumschläge). Andere *shidas* im Friedensmarkt leben ähnlich wie Heran. Als ich Heran fragte, was sie werden wolle, sagte sie: »Ich möchte eine gute Näherin werden, wie du.«

Jong Sokk Min

Sweatshops: »Richtig sexy«

»Seoul ist eine Stadt, die in ihren Kleidern schläft«, meint Nicholas Coleridge. Der britische Journalist ist nach Korea gereist, um einen Blick hinter die Kulissen der Textilindustrie zu werfen. Er ist auf der Suche nach den »Sweatshops« von Asien – Produktionsstätten, die auch für westliche Modefirmen arbeiten.

»In Seoul können Sie alles bekommen, was Sie wollen – zu jedem Preis und in jeder Qualität«, hatte ihm ein Modehausbesitzer in London gesagt. »Seoul ist jetzt richtig ›sexy‹«, befand eine amerikanische Designerin für Sportmode und wollte damit ausdrücken, daß Korea preiswert und pünktlich liefert – billiger als Hongkong, verläßlicher als Thailand, Türkei und Sri Lanka, qualitativ besser als Taiwan.

Coleridge quartiert sich in einem Erster-Klasse-Hotel ein und gibt sich als potentieller Kunde aus, der den Auftrag eines New Yorker Hauses über eine halbe Million T-Shirts zu vergeben hat. Textilgewerkschafter in London haben ihm Adressen einiger Firmen in Song Buk Ku, Tobong Gu und Chungtye vermittelt, Bezirke im Norden von Seoul. Koreanische Gewerkschaften fragt Coleridge nicht: Sie arbeiten eng mit dem Staat zusammen, und viele Unternehmen werden von ihnen überhaupt nicht erreicht. 1980 hat die koreanische

Regierung die meisten unabhängigen Textil-Gewerkschaften aufgelöst, und heute muß eine Fabrik mindestens 30 Beschäftigte haben, ehe die Gewerkschaft dort arbeiten darf – 80 Prozent der Unternehmen bleiben so »gewerkschaftsfrei«.

Der erste »Sweatshop« von Coleridges Liste, in Kilum-dong, hat knapp 30 Arbeiter – alles Männer. »Wenn das Geschäft gut läuft«, erklärt Manager Chung Dae Woo, »arbeiten sie 80 Stunden in der Woche.« Die Singer-Nähmaschinen rattern. An das Dämmerlicht muß sich Coleridge erst gewöhnen. Nur durch einige Löcher in der Wand fällt ein wenig Tageslicht in den kleinen Raum. Die Männer sitzen in Unterwäsche auf Holzbänken, zu ihren Füßen Stapel von Baumwollstoff. Chung ist stolz darauf, daß ihn bislang kein Wettbewerber unterboten hat. »Jeder hier verdient nur drei Viertel von dem, was andere zahlen«, erklärt er sein Erfolgsrezept. Seit sechs Jahren managt Chung den Betrieb; der Besitzer sei gerade auf Urlaub, auf der Insel Cheju. Den T-Shirt-Auftrag will Chung gern annehmen, auch wenn er Teile davon an benachbarte Firmen vergeben muß.

Eine Woche lang besucht Coleridge einen »Sweatshop« nach dem anderen. Überall dasselbe Bild: der Besitzer abwesend auf Urlaub, der Manager geschäftstüchtig bereit, jeden Mitbewerber zu unterbieten, an den Nähmaschinen halbnackte Arbeiter, manchmal nur Männer, manchmal gemischt, die Frauen dabei selten älter als 17 oder 18. Wenn sie 25 sind, brauchen sie eine Brille und werden durch Jüngere ersetzt. Abends, wenn Coleridge in seinem Hotel einen Teller koreanischer Nationalspeisen vom Büffet abholt, bezahlt er dafür soviel, wie ein Arbeiter in einem »Sweatshop« in der Woche verdient: rund sieben Dollar.

Vorsichtig versucht der Journalist die Manager über Besitzer, Preise und Verdienstspannen auszuhorchen. Hemden, die in einem Geschäft in den USA oder in Europa für 30 oder 40 Dollar verkauft werden, kosten in den »Sweatshops« kaum mehr als zwei Dollar – Löhne der Arbeiter und Gewinn des Unternehmers eingeschlossen. Viele Betriebe scheinen denselben Familien zu gehören, die sich aber nur ungern in die Karten schauen lassen.

Die neugierigen Fragen bleiben nicht unbeobachtet. Drei Tage vor seinem Abflug nimmt Coleridge in seinem Hotel gerade ein Bad, als eine Nachricht unter der Tür durchgeschoben wird. Sie ist auf ein Blatt Papier getippt: »Warum stellen Sie diese vielen Fragen? Es ist nicht ratsam, Fragen zu stellen! Es ist besser, wenn Sie Seoul verlassen!«

1973, als ich 16 war, habe ich zum ersten Mal in einer internationalen Textilfabrik gearbeitet, in der Freihandelszone von Penang. Dazu mußte ich meine Familie auf dem Land verlassen und nach Penang ziehen. Ich habe mich nicht um diesen Job beworben, er wurde mir von einem Mitarbeiter der Firma angeboten, der durch die Dörfer zog und Leute angeworben hat. Er hat mir einen hohen Lohn versprochen und viele Vorteile, wenn ich den Job in der Fabrik annehme.

Viele von uns, auch ich, die wir in unserem Dorf keine Arbeit fanden, fanden dieses Angebot attraktiv. Meine Eltern bestärkten mich, weil wir nur schwer unser Auskommen hatten. Durch meinen Job würde ich meine Familie unterstützen können.

Als ich meinen ersten Lohn erhielt, merkte ich, daß wir weniger als 50 Pence pro Tag bekamen. Na ja, die Firma hatte mir eine Unterkunft verschafft – sie packte mich mit sieben anderen Arbeitern in einen 14 Quadratmeter großen Raum. Ich war wie viele meiner Kollegen enttäuscht, aber da wir keine Schulausbildung hatten und die neue städtische Umgebung für uns ungewohnt war, hatten wir gar keine andere Wahl, als weiter bei der Firma zu arbeiten.

Heute arbeite ich immer noch da, wo ich 1973 angefangen habe. Die Aufstiegsmöglichkeiten für einen Arbeiter wie mich sind sehr entmutigend, vor allem, wenn ich an die Zeit denke, die ich dort schon verbracht habe. Ich behaupte, daß wir zweifellos die niedrigsten Löhne in ganz Malaysia erhalten.

Textilarbeiter in Malaysia

Strickmuster High Tech

Beim Stichwort »High Tech« denken viele als erstes an Japan. Nicht nur Japans elektronische Industrie, auch dessen Automobilbranche wird heute bei uns als große Gefahr an die Wand gemalt, die Europas Industrie zu überrollen drohe. Oder man bejubelt sie als Vorbild, dem wir folgen, besser noch, das wir übertreffen sollten.

In der Textilbranche gab es ganz ähnliche Ängste und Hoffnungen, schon sehr viel früher, in den zwanziger und dreißiger Jahren. Damals gelang Japan in diesem Bereich ein Durchbruch, der die Gemüter ebenso bewegte wie die eingangs genannten Entwicklungen heute, aber fast in Vergessenheit geraten ist. Anton Zischka in seinem Baumwoll-Buch über die Zwischenkriegszeit: »Europa hat so viele Sorgen, daß es die im Osten heranwachsende tödliche Konkurrenz nicht genügend beachtet. Erst die Weltkrise öffnet ihm die Augen. Plötzlich beginnt man, die Statistiken zu lesen. Und da wird sofort das Drama offenbar: Englands Ausfuhr an Baumwollgeweben ist von sieben Milliarden Quadratyard im Jahr 1913 auf 3,8 Milliarden im Jahr 1929 gefallen. Sie sinkt 1931 auf 1,7 Milliarden, während Japans Baumwollstoffausfuhr von 412 Millionen Quadratyard des Jahres 1913 auf 1,4 Milliarden im Jahr 1929 steigt. Die Arbeitslosigkeit in den englischen Textildistrikten wächst von 14 Prozent der Belegschaften im Jahr 1927 auf 21 Prozent im Jahr 1930, während die japanischen Baumwollspinnereien in drei Schichten arbeiten, die Spindeln Osakas 23 Stunden täglich sausen.« In der Textildebatte des englischen Parlaments im Sommer 1933 spricht ein Abgeordneter von der »gelben Gefahr«, die größer sei als jemals zuvor und »gefährlicher als Armeen«.

Noch die Vorläufer des bis heute gültigen Multifaserabkommens (vgl. S. 66), das Kurzfristige und das Langfristige Baumwollabkommen von 1961 und 1962, waren in erster Linie gegen die starke Textilwirtschaft des fernöstlichen Inselstaates gerichtet. Um die in ihnen ausgehandelten Einfuhrbeschränkungen zu umgehen, begann Japan damals, die Textilproduktion ins benachbarte Ausland in die ersten damals entstehenden Freihandelszonen zu verlagern.

Diese Freihandelszonen galten für die europäische Industrie seit Beginn der siebziger Jahre als neue große Jobkiller. Protektionistische Maßnahmen gegen Importe aus den sogenannten Schwellenländern sollten sie vor der ungeliebten Konkurrenz schützen. Die ArbeiterInnen im Süden bekamen das am stärksten zu spüren.

Das Bestreben allerdings, Arbeitsplätze in den westlichen Industrieländern zu erhalten, war wenig erfolgreich. In der Bundesrepublik ging die Zahl der Beschäftigten in der Textil- und Bekleidungswirtschaft von 1970 bis 1987 um mehr als die Hälfte zurück, von 500 000 auf 220 000 – gesamtwirtschaftlich ein so erheblicher Aderlaß, daß der dramatische Anstieg der Arbeitslosen in der Bundesrepublik damals entscheidend auf diese beiden

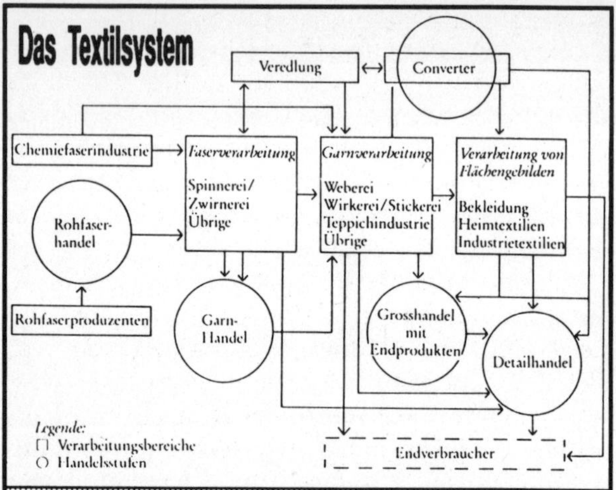

Die Graphik zeigt die Struktur des Textilsystems, angefangen bei der Rohfaser (z.B. Baumwolle) bis hin zu den KonsumentInnen.

Quelle. EvB: Kleider und Mode, Bern 1987, s. 103

Branchen zurückzuführen ist. Jeder vierte Arbeitslose jener Jahre war Weber, Stricker und Spinner gewesen.

Der Verlust ihrer Arbeitsplätze lag allerdings weniger - wie so oft behauptet - an den Billigimporten aus der Dritten Welt, die Jobkiller waren vielmehr die am technischen Fortschritt interessierten Unternehmen. Sie rationalisierten bis hin zur vollständigen Automatisierung.

Neue technische Entwicklungen sind seit Beginn der Industriellen Revolution wesentliche Triebkraft des Konkurrenzkampfes. In der Faser- und Garnverarbeitung - der Textilindustrie im engeren Sinn - wurden schon seit den frühen siebziger Jahren immer neue hochautomatisierte, elektronische Produktionsverfahren eingeführt, später auch in der Bekleidungsindustrie. Sie ermöglichen, mit immer weniger Arbeitskräften immer mehr zu produzieren. Der Trend zu »High Tech« führt zum Abbau von Arbeitsplätzen und Schließen von mittleren und kleineren Unternehmen. Große Firmen schlucken kleine; große schließen sich zusammen, um teure Investitionen noch besser auszulasten und ihre Stellung als Marktführer zu behaupten oder auszubauen.

Die Einführung der neuen Produktionsverfahren hat die Arbeitsplätze weit mehr bedroht als die Konkurrenz aus den sogenannten Billiglohnländern. Das untermauern folgende Tatsachen:

- Noch immer stammen über 50 Prozent der Welttextilexporte aus den nördlichen Industrieländern; die Bundesrepublik und Italien zählen zu den größten Exporteuren von Textilien und Bekleidung (vgl. S. 58).
- Nach einer Untersuchung des Internationalen Arbeitsamtes in Genf wurden in der Textil- und Bekleidungsindustrie von 1975 bis 1986 rund 130 000 Arbeitsplätze aus den westlichen Industrieländern in die Freihandelszonen der Länder im Süden verlagert. Die Zahl der ArbeiterInnen, die im gleichen Zeitraum in den Industrieländern »freigesetzt« wurden, ist aber weit größer. Allein in der Bundesrepublik betrug sie im gleichen Zeitraum mehr als das Doppelte.

Einige Zahlen und Fakten illustrieren die erreichten Produktivitätszuwächse:

In Österreich zum Beispiel wurde die Zahl der Textilbeschäftigten von 1975 bis 1984 um 26 Pro-

1989 gab es in der Textilproduktion weltweit 40 DM-Umsatz-Milliardäre, einen einzigen davon in der Bundesrepublik: die Freudenberg-Gruppe aus Weinheim. Mit beträchtlich höheren Investitionssummen wächst auch hier die Konzentration. So ist Coats-Viyella (GB) nach mehreren Aufkäufen 1988 bereits das zweitgrößte Textilunternehmen der Welt. 1984 lag es noch auf Rang 7. Mit dem geplanten Aufkauf eines weiteren englischen Giganten, »Tootal«, peilt dieser Multi zielstrebig den Spitzenplatz an.

zent (über 13 000 Personen) reduziert - doch die Produktivität stieg um durchschnittlich 50 Prozent. Diese Entwicklung geht weiter. Ein Betrieb, der vor wenigen Jahren eine neue Spinntechnik eingeführt hat, braucht für die Herstellung von 100 Kilogramm eines bestimmten Garns heute nur noch 1,1 Arbeitsstunden - gegenüber 7,4 Stunden mit der vorangegangenen Technikgeneration.

Trotz relativ bescheidener technischer Fortschritte beim Nähen wurde die Arbeitszeit zur Herstellung eines Herrenanzuges um die Hälfte reduziert. Eine Jeans ist heute in weniger als zehn Minuten fertig. Gerade durch die rasante Entwicklung der Mikroelektronik steht die Bekleidungsindustrie vor weiteren beachtlichen Produktivitätssteigerungen. Für das Design neuer Modelle brauchte man bisher Wochen, manchmal Monate - mit neuen Programmen sollen sie in 24 Stunden entworfen werden können.

Mit anderen Worten: Die Zeit menschlicher Arbeitskraft spielt im Produktionsprozeß eine zunehmend geringere Rolle, die Vorteile eines sogenannten Billiglohnlandes fallen immer weniger ins Gewicht.

Für die noch verbleibenden ArbeiterInnen sind die Löhne auch in den Industrieländern im Vergleich zu anderen Branchen trotz allem nach wie vor sehr schlecht. BekleidungsarbeiterInnen stehen nicht nur in der Lohnstatistik auf dem letzten Platz, sie sind obendrein noch sozialrechtlich benachteiligt. In Österreich sind beispielsweise Urlaubs- und Weihnachtsgeld niedriger als in anderen Branchen.

Die Anforderungen an sie werden dagegen immer mehr, die Belastungen immer größer. Befragungen Mitte der achtziger Jahre ergaben, daß nach einhelliger Meinung der Arbeiterinnen und Arbeiter der Leistungsdruck zunimmt: Das Personal werde abgebaut, die Laufgeschwindigkeit der Maschinen höher, die Anzahl der zu bedienenden Maschinen größer. Eine Arbeiterin faßt die Situation in folgende Worte: »Ich glaube, daß der Druck auf die Arbeitnehmer immer stärker wird. Nachdem ja draußen praktisch der Konkurrenzkampf tobt, und jeder fürchtet um seinen Arbeitsplatz. Es wird immer mehr verlangt. Man verlangt von dir mehr Qualität und schnelleres Arbeiten, und beides zusammen geht nicht. Ich glaube, sie wollen jetzt das ganze System umstellen, und zwar so, daß weniger Leute an der Maschine sind, und die müssen natürlich auch andere Zeiten machen. Sie wollen einfach den ganzen Arbeitsablauf rationalisieren.«

(Ein) Wenig Familiäres aus dem Textilländle Vorarlberg

1989 ging die fast 200jährige Geschichte der F.M. Hämmerle AG, Österreichs größtem Textilkonzern, als alteingesessenem Dornbirner Familienbetrieb in der fünften Generation zu Ende. In einem aufsehenerregenden Aufsichtsratsbeschluß wurden die letzten Mitglieder der Familie im Vorstand entmachtet. Manager von außen sollen den in die roten Zahlen geratenen Betrieb mit der reichlich vorhandenen Substanz aus früheren, besseren Zeiten umstrukturieren, um wieder in die Gewinnzone zu kommen. ArbeiterInnen und Betriebsorte in Dornbirns Umgebung werden dabei wieder einmal auf der Strecke bleiben.

Engagierte ArbeiterInnen und GewerkschafterInnen hatten es bei den Hämmerles immer schon schwer – im Vorarlberg ebenso wie in Südafrika. Dort führte die Familie gemeinsam mit Managern aus der Bundesrepublik den 650 MitarbeiterInnen zählenden Betrieb S.B.H. Cotton Mills.

Sowohl in der Einstellungspolitik als auch bei Löhnen und Sozialleistungen verfolgt dieses Unternehmen eine strikte Linie der Apartheid. Sie geht soweit, daß zum Beispiel Transportmittel von der Firma nur für die sogenannten *Coloureds,* die Farbigen, nicht aber für schwarze ArbeiterInnen zur Verfügung gestellt werden. »Ein klassischer Fall von rassistischer Diskriminierung«, so der

Gewerkschafter Isaac Newton in einem Interview. Darin erwähnt er auch die Rolle des S.B.H.-Managements innerhalb der Vereinigung der Textilunternehmer bei den Lohnverhandlungen. In Südafrika werden sie überbetrieblich geführt. Newton ist als ArbeiternehmerInnen-Vertreter beteiligt: »Im Verlauf der Verhandlungen bekamen wir den Eindruck, daß S.B.H. einer der Falken auf Arbeitgeberseite ist. Immer ist es S.B.H., das auf einer harten Linie der Arbeitgeber besteht und ein striktes Vorgehen gegen die Gewerkschaftsbewegung fordert.«

Genau wie in Vorarlberg. Erst vor wenigen Jahren hat sich der damalige Betriebsratsobmann der F. M. Hämmerle AG, Josef Hassler, ein Vater von vier Kindern, im Bad eines Wiener Hotels das Leben genommen. In seinem Abschiedsbrief stand zu lesen: »Bin den Intrigen und Kampagnen gegen mich nicht mehr gewachsen. Meine letzte Bitte: Schaut auf meine Familie, die mit mir viele Probleme mitgetragen hat.«

ArbeiterInnen-Solidarität über Tausende von Kilometern ist nicht leicht zu organisieren. Gerade am Beispiel der Familie Hämmerle wird sehr deutlich, wie notwendig sie ist, da die ArbeiterInnen dort und hier mit den gleichen Problemen kämpfen.

Konkurrenz oder Solidarität

In Enzersdorf an der Fischa, nicht weit von Wien entfernt, werden von 1991 an 150 ArbeitnehmerInnen 10 000 bis 15 000 Tonnen Rohbaumwolle zu Garnen veredeln: als Beschäftigte des weltweit größten Garnherstellers, des japanischen Konzerns Tsuzuki. Nach einer geplanten Investition von rund zwei Milliarden ÖS (rund 285 Millionen DM) sollen nach Fertigstellung 40 000 Spindeln in Betrieb gehen.

Die Industrieansiedlung sorgte gleich aus mehreren Gründen für Aufruhr. Da ist einmal die öffentliche Förderung für die Spinnerei, die 20 bis 30 Prozent der Investitionssumme ausmacht. Heimische Spinner, die von solchen Förderungen noch kaum etwas gesehen haben, erblassen angesichts solcher Zahlen nicht nur vor Neid, sie fürchten auch mit gutem Grund den Verlust von Marktanteilen - Marktanteile, die ja ebenfalls Arbeitsplätze bedeuten. Dann ist da ein »Stillhalteabkommen« durchgesickert, dessen Zustandekommen die Spitze der zuständigen Fachgewerkschaft mitgetragen hat. Das Verbot der Sonntagsarbeit und der Nachtschicht für Frauen muß demnach in Enzersdorf nicht ganz so ernst genommen werden, um, so die Begründung, die befürchteten Nachteile des »Industriestandortes Österreich« zu vermeiden und die Investition der modernen und teuren Maschinen rentabel zu machen. Daß dies bei örtlichen BetriebsrätInnen erheblichen Ärger ausgelöst hat, ist verständlich. Denn sie fürchten zu Recht, daß sie durch eine solche Regelung in ihren Betrieben weiter unter Druck geraten.

Wieder einmal werden Menschen zu Sklaven von Maschinen gemacht, statt daß Maschinen den Menschen die Arbeit erleichtern.

Enzersdorf ist kein Ausnahmefall. In Deutschland sei aus Gründen der internationalen »Chancengleichheit« eine Ausnahmeregelung für Sonntagsarbeit unverzichtbar, ließen Unternehmervertreter der Textilindustrie Ende 1989 verlauten. Hochautomatisierte und kapitalintensive Produktionen schaffen »Sachzwänge«, die vor Jahrzehnten erkämpfte Rechte der ArbeiterInnen aufweichen und durchlöchern - mit negativen Folgen für die Zahl der Arbeitsplätze. In dieser Logik ist es kaum möglich, solche Investitionen mit einer »Wertschöpfungsabgabe« zu belasten. So werden Vorschläge mit dem Ziel genannt, Rationalisierungsinvestitionen, die Arbeitsplätze vernichten, zusätzlich zu besteuern, damit die Kosten für Maßnahmen gegen Arbeitslosigkeit von den Verursachern getragen werden.

So sinnvoll solche Vorschläge von ihrer Zielrichtung her auch sein mögen, so wenig haben sie praktische Bedeutung im Alltag. Schnell werden sie als prinzipielle Verteufelung des Fortschritts abgestempelt und als »Maschinensteuer« ähnlich wie früher die »Maschinenstürmer« beschimpft, selten als Maßnahmen erkannt, die soziale und ökologische Folgen der neuen technischen Möglichkeiten besser kontrollieren helfen sollen. Und vor zehn bis 15 Jahren, als die »Jobkiller-Welle« bei SpinnerInnen und WeberInnen viel größer und mächtiger war, steckten solche Überlegungen erst in den Anfängen.

Schon damals standen die Textilgewerkschaften in einer unheiligen Allianz mit Staat und Wirtschaft, und sie sind es bis heute. Mit ihnen fordern sie eine Einschränkung von Textil- und Bekleidungsimporten aus dem Süden und helfen, sie auch durchzusetzen.

Benachteiligt werden dadurch wieder einmal die Industrialisierungsbemühungen der Länder im Süden. Deren rasche technischen Fortschritte stellen für die Wirtschaft in Europa und den USA eine unliebsame Konkurrenz dar. Die Gewerkschaften wiederum stoßen sich an den billigen Löhnen und miserablen Arbeitsbedingungen – ArbeiterInnen des Südens sind für sie eine Konkurrenz, weil die Wirtschaft ja ihretwegen an der Verlagerung arbeits- und lohnkostenintensiver Produktionen interessiert ist.

Bis heute tragen die Gewerkschaften Rationalisierungsbestrebungen der Industrie bei uns mit. Die Importbeschränkungen für Einfuhren zum Beispiel aus Fernost betreffen nicht nur technisch sensible Produkte, sondern auch arbeitsintensiv hergestellte Kleider. Damit anerkennt die Industrie zum Teil die Loyalität der Gewerkschaften bei der Automatisation.

Wenn Textilgewerkschafter für Einfuhrbeschränkungen eintreten, streiten sie immer auch für eine zweite Forderung: die nach Sozialklauseln. Ihr Argument: Wenn die Einfuhr von Hemden, Blusen und Hosen zum Schutz der eigenen Industrie schon eingeschränkt werden soll, dann soll das in erster Linie jene Länder treffen, in denen soziale und finanzielle Mindeststandards nicht klar gesetzlich festgeschrieben sind. Aus einem Land, das Kinderarbeit nicht verbietet, keinen garantierten Mindestlohn vorschreibt, Urlaubs- und Sozialversicherungsansprüche nicht klar geregelt hat, sollen Baumwolle, T-Shirts oder Stoffe auch nicht eingeführt werden dürfen.

So sinnvoll diese Forderungen auf den ersten Blick auch scheinen, so gibt es doch grundsätzliche Einwände gegenüber der praktizierten gewerkschaftlichen Strategie.

Die gewerkschaftliche Allianz mit der Wirtschaft ist zu einem Bumerang geworden. Zu sehr haben die ArbeitnehmervertreterInnen die Konkurrenz aus dem Süden im Blick gehabt und die eigentliche Konkurrenz, die Wirtschaft bei uns, vernachlässigt. Deren Automatisierungsbestrebungen sind vor allem auf die Verbesserung von Gewinn- und Kapitalerträgen ausgerichtet und zu wenig kontrolliert im Hinblick auf soziale Folgen.

Die Kontrollle des technischen Fortschritts bedarf einer starken internationalen Solidarität als Gegenmacht zu Industrie und Kapital, die international gut organisiert sind. Starke Gewerkschaften auch im Süden sind dafür notwendig. Die Gewerkschaften bei uns untergraben durch ihre Allianz mit Industrie und Staat die Bemühungen um Solidarität mit den ArbeiterInnen in der Dritten Welt. Ihr zweites Forderungspaket, die Sozialklauseln, ist bislang immer auf der Strecke geblieben.

Wo die Fäden zusammenlaufen

Multinationale Konzerne operieren global, und die verschiedenen Fäden für alle ihre Produkte laufen gut organisiert aus immer mehr Ländern zusammen. International ist nicht nur der Konzern, sondern auch sein Produkt.

Bei ihrer Standortsuche prüfen Multis viele Punkte: Löhne, Steuer-, Zoll- und Investitionspolitik, politische Stabilität, gewerkschaftlicher Organisationsgrad, Infrastruktureinrichtungen, Umweltschutzauflagen, Transportmöglichkeiten. Heute wird jedes Zwischenprodukt dort gefertigt, wo nach Abwägung aller Faktoren für die Unternehmen unter dem Strich das Optimum zu erzielen ist.

Eine stark organisierte Arbeitnehmerschaft ist dabei nicht unbedingt ein Grund, auf Investitionen zu verzichten. Die Finanzhilfen sollten möglichst hoch sein, die Arbeitskräfte möglichst billig. Auch wenn die Löhne oft nicht einmal fürs Existenzminimum reichen – die Verantwortung für den tiefen Lebensstandard trägt immer das »Gastland«.

Transportkosten spielen anteilsmäßig in der Gesamtkalkulation eine immer geringere Rolle und können vernachlässigt werden. Das Rohprodukt (die Fasern) und all seine Zwischenprodukte legen so von den verschiedenen Verarbeitungs-

Internationale Sportjacke

Hersteller legen Wert auf "Swiss Made" bzw. "Made in Germany", wenn sie exportieren. Auch für die KonsumentInnen wäre eine Herkunftsbezeichnung beim Einkauf hilfreich. Leider fehlt sie noch allzuoft. "Swiss Made" erlaubt bis zu 50 % des Warenwertes aus Auslands-Zulieferungen. Auch "made in Hongkong" heißt internationales Zusammenspiel.

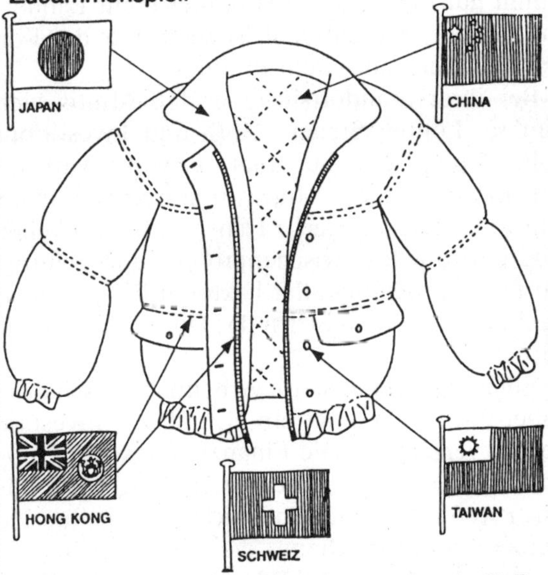

"Ein Schweizer Designer hat die Jacke entworfen, der Stoff ist in Japan kreiert und gewoben worden; das wattierte Futter stammt aus China, die Knöpfe kommen aus Taiwan, der Reissverschluß und der Faden ... aus Hongkong. Eine Fabrik in Kowloon (Hong Kong) fertigt schließlich das Kleidungsstück, das von einer Schweizer Warenhauskette in einer Auflage von 800 Stück in diversen Größen und Farben geordert worden ist."

Quelle: R. Gerster, Die Schweiz und die Dritte Welt, Helvetas, 1987 orten bis zu den KonsumentInnen immer längere Transportwege zurück. Manches T-Shirt ist längere Zeit unterwegs, als es getragen wird.

Die Grenzen der Nationalstaaten werden für multinationale Konzerne immer unbedeutender, auch das sogenannte Mutter- oder Stammland wird heute nach funktionalen, für die Bilanz wichtigen Kriterien bestimmt, verlegt oder beibehalten. Der Handel aber wird noch immer Nationalstaaten zugerechnet, obwohl sich hinter Importen, die »die Bundesrepublik« oder »die Schweiz«

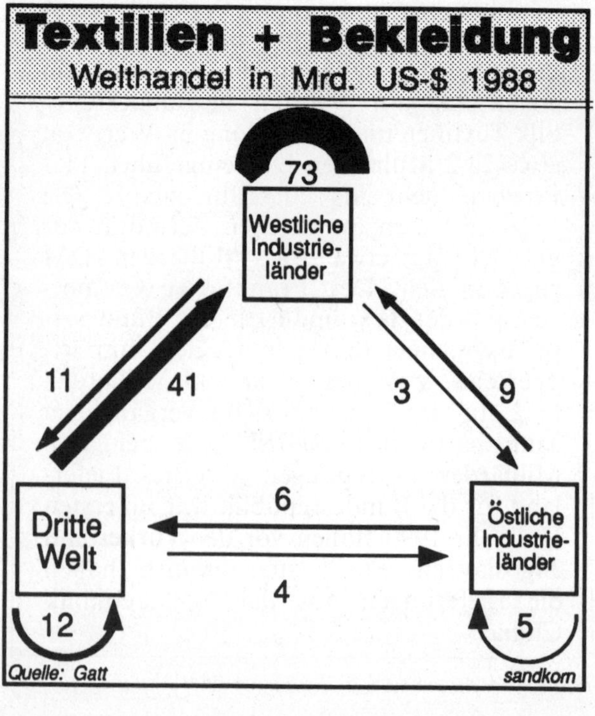

aus Hongkong oder Taiwan tätigen, oft genug ein und derselbe Konzern verbirgt.

Der Welthandel beziehungsweise die Transporte der Konzerne sind in den letzten 20 Jahren ganz beträchtlich gestiegen, auch im Textilbereich - und der Anteil aus Fernost und anderen Ländern im Süden besonders stark. 1988 erreichten die Staaten der sogenannten Dritten Welt am gesam-

Textilimporte stark angestiegen

gla. FRANKFURT, 4. September. Die Textilimporte in die Bundesrepublik wachsen weiter stärker als die Lieferungen deutscher Hersteller in das Ausland. Im ersten Halbjahr 1990 hat die Bundesrepublik Textilien und Bekleidung im Wert von etwa 23,2 Milliarden DM eingeführt, 11,7 Prozent mehr als ein Jahr zuvor. Die Exporte haben im gleichen Zeitraum nur um 7,1 auf etwa 16,2 Milliarden DM zugenommen. Der Frankfurter Gesamtverband der Textilindustrie der Bundesrepublik rechnet derzeit mit einem Importüberschuß zwischen 13 und 14 Milliarden DM für das Jahr 1990. Im vergangenen Jahr hatte das Defizit erst bei 11,8 Milliarden DM gelegen. Größtes Lieferland für die Bundesrepublik war im ersten Halbjahr 1990 Italien vor der Türkei und Jugoslawien. Stark zugenommen haben die Lieferungen aus der Volksrepublik China.

Frankfurter Allgemeine, 5. September 1990

ten Welthandel von Bekleidung und Textilien einen Anteil von 57 Milliarden US-Dollar beziehungsweise 34 Prozent. Die westlichen Industrieländer kamen auf 53 Prozent, die Staaten des Ostblocks lagen bei 13 Prozent.

Bei Textilien ist die Bundesrepublik mit zwölf Prozent der Weltausfuhr weltweit mit Abstand die größte Exportmacht: 1988 wurden Textilien für 10,6 Milliarden US-Dollar über die deutschen Grenzen ausgeführt. Das in der internationalen Statistik an zweiter Stelle rangierende Italien kam auf rund sieben Milliarden Dollar.

»Textilindustrie besitzt deutliche Standortvorteile«, schrieb die »Frankfurter Rundschau« am 2. Juli 1989 und meinte damit Westdeutschland. Auch bei den Bekleidungsexporten nimmt die Bundesrepublik mit 5,4 Milliarden Dollar nach Hongkong (11,8 Milliarden), Italien (9,1 Milliarden) und Südkorea (8,7 Milliarden) immerhin den vierten Platz ein.

Die starke Textilmaschinenindustrie der Bundesrepublik spielt dabei eine wichtige Rolle, weil gerade in einer hochautomatisierten Branche heute Know-how und Kapital gefragt sind, mehr als (billige) Arbeitskräfte. Zusammen mit der Schweiz und Japan gehört die Bundesrepublik in der Textilmaschinenherstellung zu den Marktführern.

Im Bekleidungsbereich hat sich eine globale Arbeitsteilung durchgesetzt zwischen billiger Massenproduktion einerseits, die immer mehr im Süden hergestellt wird, und anspruchsvollen Qualitäts- und Spezialprodukten wie zum Beispiel speziellen Sportbekleidungen oder teureren Qualitätsanzügen und -kleidern andererseits, deren Fertigung bei uns geschieht.

Die Bundesrepublik exportiert daher nicht nur viel, sie zählt auch zu den bedeutendsten Bekleidungsimporteuren der Welt. Die Hälfte des gesamten Inlandverbrauchs stammt nicht aus eigenen Nähereien. Die Importe aus den vielzitierten ostasiatischen Ländern machen allerdings nur elf Prozent des Inlandverbrauchs aus; insgesamt kommt aus den sogenannten Billiglohnländern ungefähr ein Drittel der Einfuhren.

In Österreich und der Schweiz dürfte dieser Anteil eher noch etwas kleiner sein. Er kann nur geschätzt werden, weil die Bundesrepublik für beide Länder das bei weitem wichtigste Lieferland ist und Waren »Made in Billiglohnland« teilweise auch als bundesdeutsche oder Italien-Lieferungen in die Statistik eingehen. In Österreich machen allein die Einfuhren aus der Bundesrepublik knapp 40 Prozent aller Bekleidungsimporte aus, aus der EG stammen mehr als 76 Prozent, aus dem Süden nur 15 Prozent.

Hohe Zuwachsraten – bei der Einfuhr türkischer Kleider nach Österreich betrug sie von 1986 auf 1987 mehr als 65 Prozent – lassen diese Importe oft genug als Bedrohung für die Arbeitsplätze erscheinen. Aber was schon für die Vernichtung der Arbeitsplätze galt (vgl. S. 46), läßt sich auch hier feststellen: Den Importen aus den abhängigen Ländern im Süden kommt für uns im Norden durchaus eine Bedeutung zu, sie spielen jedoch bei weitem nicht jene Rolle, die ihnen oft zugemessen wird.

Entwürdigung oder Hilfe?

»Wohin mit den alten Kleidern?« ist eine Frage, vor der bei uns fast jede und jeder steht.

Allein in der Bundesrepublik fallen Jahr um Jahr mehr als 100 000 Tonnen Alttextilien an. Genau wie in Österreich und der Schweiz wird ein großer Teil von Rotem Kreuz, der Caritas oder anderen humanitären Organisationen eingesammelt.

Was geschieht nun mit ihnen? Nicht mehr tragbare Kleidung wird zumeist an private Firmen weiterverkauft, die unseren Kleider-Müll neu aufbereiten. Gut erhaltene Gewebe werden aufgetrennt und neu versponnen, schlecht erhaltene zu neuen Produkten wie Putzlappen, Reißwolle, Dachpappe, Karton oder ähnlichem weiterverarbeitet.

Noch tragbare Kleidungsstücke füllen die Kleiderkammern der Organisationen auf. Hier können sich Obdachlose, Arbeitslose und andere Bedürftige kostenlos oder gegen einen symbolischen Betrag neu einkleiden.

Der verbleibende Rest ist dann für die Dritte Welt bestimmt. Während ein Teil davon (zum Beispiel bei Naturkatastrophen) zum Überbrükken momentaner Not hilft, wird der andere Teil entweder in die Dritte Welt verkauft oder ganz einfach verschenkt. Sehr oft sind Entwicklungshelfer, Missionare oder auch lokale humanitäre Organisationen Empfänger dieser Spenden.

Sind auf diese Weise nicht mehrere Probleme gleichzeitig gut gelöst worden? Wir haben wieder Platz in unseren Kleiderschränken (die neue

Mode steht ja schon vor der Tür!), ein Anwachsen des europäischen Müllberges ein wenig gebremst worden, und obendrein haben wir auch noch anderen Menschen geholfen. Haben wir wirklich geholfen? Wie erginge es uns, wären wir auf Kleiderspenden von Menschen aus dem Süden angewiesen? Findet kein Ressourcenverschleiß mehr statt, wenn wir unseren Müll nur weit entfernt genug auslagern und andere ihn – unter Umständen auch noch mit Dank – annehmen (müssen)?

Daß Altkleidersammlungen durchaus sinnvoll sind, sei nicht bestritten. Daß wir damit in jedem Fall der Dritten Welt etwas Gutes tun, hingegen schon.

In der Tat ist illusionsloses Handeln angebracht, da manche negativen Folgen von Altkleiderspenden in die Dritte Welt nicht zu übersehen sind: Allzuoft werden die Menschen ihrer eigenen Kleidertradition entfremdet, wenn europäische Stoffe, Muster und Moden in ihr Leben treten. Mehr noch: In großem Ausmaß praktiziert, erwächst dem lokalen Textilhandwerk durch solche Spenden eine oft starke, manchmal auch tödliche Konkurrenz.

Altkleidersammlungen sollten uns zu Fragen anregen. Was stellen wir mit unserer wohlgemeinten Hilfe alles an? Degradieren wir nicht andere zu Hilfsempfängern, anstatt sie als Partner zu akzeptieren?

Jean-Marie Krier

Großen Reden folgen keine Taten

Das »Abkommen über den Internationalen Handel mit Textilien«, auch Welttextil- oder Multifaserabkommen - kurz MFA - genannt, hat hehre Ziele: Ausweitung des Handels, Abbau von Handelshemmnissen, fortschreitende Liberalisierung des Welthandels, Förderung der wirtschaftlichen und sozialen Entfaltung der Entwicklungsländer, eine erhebliche Steigerung ihrer Ausfuhrerlöse für Textilerzeugnisse.

Alle diese Ziele, bereits 1974, bei Unterzeichnung dieses Abkommens, formuliert, sind bis heute kaum erreicht. Ganz im Gegenteil.

Wieder einmal bestätigt sich, was der Politologe Ralf Dahrendorf schon vor zehn Jahren festgestellt hat: »In keinem Bereich der internationalen Politik wird soviel Unwahrheit und Unehrlichkeit verbreitet wie in dem der Entwicklungspolitik. Heuchelei ist die Regel, große Reden werden nahezu nie von entsprechenden Handlungen gefolgt.«

Wie also sieht dieses Abkommen im einzelnen aus, und wie die Praxis?

Das MFA ist der Nachfolgevertrag der Kurz- beziehungsweise Langfristigen Baumwollabkommen von 1961 und 1962, die damals hauptsächlich gegen Japan als Textilgroßmacht gerichtet waren. Letzteres lief 1974 aus. An dessen Stelle setzten die Industrieländer, allen voran die EG, das Multifaserabkommen - so genannt, weil es nicht nur Baumwolle, sondern auch die Chemiefasern einschloß. Auf Grundlage dieses Rahmenabkommens schließen die Mitgliedsländer Verträge auf bilateraler Ebene ab.

Wichtigste MFA-Klausel: Sie erlaubt den Importländern, sobald sie eine »Störung des Marktes« durch Einfuhren aus einem Lieferland des Südens feststellen, bilateral ausgehandelte Kontingente. Das heißt, für jedes Ursprungsland wird die Einfuhr von Röcken, Sakkos und so weiter aufs Stück genau festgelegt. Die vorgeschriebenen Zahlen dürfen nicht überschritten werden.

Unter der Drohung, die EG werde im Alleingang ein eigenes System einführen, hatten die Exportländer aus Süd und Ost zunächst dem Rahmenvertrag und in der Folge den bilateralen Abmachungen zugestimmt. Für den Ausnahmefall gedacht, wurden diese Vorschriften mehr und mehr zur Regel. Das begann schon mit dem ersten MFA 1974. Das zweite Rahmenabkommen erlaubte dann unter anderem restriktivere Kontingentierungen als das erste, das dritte, 1981 abgeschlossen, nicht nur Beschränkungen der Importwachstumsraten, sondern sogar Kürzungen der Kontingente, insbesondere bei den größten Lieferländern wie Südkorea oder Hongkong. Der vierte Rahmenvertrag (er gilt für die Jahre 1986 bis 1991) bezog weitere Materialien wie Seide, Jute und Leinen mit ein und wollte den Handel sämtlicher Produkte definitiv kontrollieren.

Immer mehr ist diese Entwicklung als altes kolonialistisches Gehabe erkennbar, als Verhalten, das in jener Tradition steht, die schon im 18./19. Jahrhundert Indien zum Rohstofflieferanten degradiert hatte. Es steht damit in jener europäischen Tradition, die 1992 einen 500-Jahr-Stempel aufgedrückt erhält.

Als Abkommen, das zum GATT zählt, dem Freihandel verpflichteten »Allgemeinen Zoll- und Handelsabkommen«, ist das MFA der erste Vertrag, der zuläßt, daß Importe in Form von Kontingenten mengenmäßig genau definiert und beschränkt werden können. In seinen Einzelheiten ist das Welttextilabkommen sehr komplex. Je nach dem Grad der »Marktstörung« etwa werden die vielen Textilien in den bilateralen Verträgen in mehrere Warengruppen eingeteilt.

Gerade diese Komplexität macht das Vertragswerk zu einem sehr differenzierten Steuerungsinstrument. Geschützt wird dabei in erster Linie die Durchsetzung hochautomatisierter Produktionsprozesse in den Industrieländern.

Österreich beschränkt zum Beispiel die Importe von Hemden aus der Türkei und Macao. Aus diesen beiden Ländern dürfen 1990 nicht mehr als insgesamt 600 000 Stück eingeführt werden. Trotzdem sichert diese Beschränkung nicht automatisch Arbeitsplätze oder auch nur Marktanteile für Erzeugnisse »Made in Austria«. Die Mengenlimits kommen in Wirklichkeit Firmen der Nachbarländer Bundesrepublik oder Italien zugute, wenn sie kostengünstiger als die alpenländische Wirtschaft anbieten können, zum Beispiel aufgrund höherer Automatisation. Denn aus der EG kann unbegrenzt und sogar zollfrei nach Österreich geliefert werden.

Zugeknöpft und beschränkt

Nach eineinhalbjährigen Verhandlungen unterzeichnete die Türkei am 3. Oktober 1989 eine »Selbstbeschränkungsverpflichtung« gegenüber Österreich auf der Grundlage des Multifaserabkommens. In Kraft trat sie am 1. Januar 1990. Ab diesem Datum werden Baumwoll-Hemden (Zolltarif-Nr. 6205 20) und Hosen für Männer und Knaben sowie für Frauen und Mädchen (Nr. 6203 42 und 6204 62) aus der Türkei genau gezählt. Bis zum 31. Dezember 1990 durften nicht mehr als 360 000 Hemden und 475 000 Hosen nach Österreich eingeführt werden, 1991 sind fünf Prozent mehr erlaubt. Für die Einfuhrerlaubnis ist ein türkisches Ausfuhrdokument erforderlich.

Ministerialbeamte teilen der jeweiligen Botschaft die Beschränkungen offiziell und in freundlich formulierten Briefen mit: »Ich beehre mich auf die Verhandlungen Bezug zu nehmen, die am ... in Wien stattgefunden haben.« Das Ergebnis zum Beispiel für Macao: 1990 durften genau 366 828 Jeans, Shorts und andere Baumwoll-Hosen aus Macao nach Österreich eingeführt werden.

Bis Ende 1991 sind insgesamt sieben Länder von Einfuhrbeschränkungen betroffen; Konsultationsvereinbarungen, aber keine festgelegten Limits bestehen mit weiteren sieben Staaten. Die Beschränkungen der EG betreffen insgesamt 32 Länder.

Ein Vertreter des europäischen Textilunternehmerverbandes formulierte ganz offen: »Ein technologischer Aufbruch ist im Gange, Investitionen sind entscheidend. Deshalb ist das MFA unverzichtbar: Es ist wichtig, Importe aus Hongkong, Taiwan, Korea - den großen Produzenten - zu beschränken.« Der asiatischen Konkurrenz fehle damit das Geld für ähnliche Investitionen, die es der europäischen Industrie ermöglichen werden, selbst Billigstlohnwaren einmal zu konkurrenzieren.

Für den Welthandel hatten und haben die vielen MFA-Einzelverträge durchaus ihre Wirkung. Ohne sie wäre der Anteil des Südens an den Weltexporten sicherlich größer. Die Kosten dieser Regelungen trägt also wieder einmal der Süden. Vielen Menschen werden dadurch Arbeits- und Einkommensmöglichkeiten vorenthalten.

Einfuhren in die Bundesrepublik oder die EG werden durch die Kontingentierungen in ganz anderen Größenordnungen als in Österreich verhindert. Auch hier ist das Arbeitsplatz-Argument nur die halbe Wahrheit. Ohne MFA-Begrenzungen hätten mehr Billigimporte zwar mehr Arbeitsplätze gekostet, weil ohne Einfuhrbeschränkungen der Verlagerungstrend in Billiglohnländer noch stärker gewesen wäre. Jedoch: Wer mehr verlagert hätte, hätte hier weniger rasch durch Automatisation Arbeitsplätze vernichtet.

Den Gewerkschaften hat das MFA den Blick verstellt. Einmal angenommen, es gäbe das Abkommen gar nicht: Wäre es nicht wahrscheinlicher, daß GewerkschafterInnen der reichen Industrieländer KollegInnen in Südkorea oder auf den Philippinen bei deren Kampf um bessere Arbeitsbedingungen direkter unterstützen? Und sobald die KollegInnen in Afrika, Asien und Lateinamerika am Wochen- oder Monatsende mehr Geld nach Hause tragen, verringert sich gegenüber dem Norden nicht nur der »Konkurrenzvorteil« Billiglohn, im Süden selbst entsteht auch mehr Kaufkraft und damit Nachfrage.

Noch ist den europäischen Textilgewerkschaften diese Solidarität fremd. Sie wandeln weiter auf eingefahrenen Wegen. Der europäische Textilgewerkschaftsausschuß zum Beispiel wendet sich in einer Stellungnahme zu den Verhandlungen der GATT-Konferenz 1989 energisch gegen ein mögliches Auslaufen des MFA oder seine Integration in die allgemeinen GATT-Regeln. Vertrag Nr. 4 läuft im Juli 1991 aus, Vorverhandlungen über eine mögliche Verlängerung sind bereits im Gang.

Selbst bei den Lieferländern wird das MFA nicht einhellig abgelehnt. Für einige kleinere Staaten scheinen die Vorteile, die ihnen bei Einzelverhandlungen durch verhältnismäßig große Kontingente zugestanden wurden, zu verlockend. Gerade das sehr differenzierte Vertragswerk begünstigt diese Spaltung der Produzenten. Die bisherigen Verlängerungen des MFA waren so leichter durchzusetzen.

Deutliche Vorbehalte gegen das Abkommen haben in den letzten Jahren KonsumentInnenorganisationen in den Industrieländern angemeldet. Sie sehen Nachteile für KundInnen und verweisen darauf, daß das MFA vor 16 Jahren als nur vorübergehende Maßnahme eingesetzt wurde und es endlich an der Zeit sei, dieses Provisorium wieder aufzuheben.

Durchaus in diesem Sinn, in erster Linie aber aufgrund entwicklungspolitischer Überlegungen, fordern auch die europäischen alternativen Handelsorganisationen (GEPA in der Bundesrepublik, OS3 in der Schweiz und EZA in Österreich) gemeinsam mit den von ihnen belieferten Dritte-Welt-Läden die Aufhebung des MFA. Weiter ist für sie wichtig, daß höhere Löhne und bessere Arbeitsbedingungen durchgesetzt werden. Mit Produktkennzeichnungen für »fair produzierte und gehandelte Ware« wollen sie dazu beitragen. KonsumentInnen bekommen damit eine Kauf- beziehungsweise Boykotthilfe und können sich für sozial vertretbare Produkte entscheiden.

Die Aufhebung des Multifaserabkommens zu einem viel-fältigen Gesprächs-Stoff zu machen und dann auch durchzusetzen, erfordert die Unterstützung, Mitarbeit und Solidarität sehr vieler (vgl. S. 86). Wenn es dabei gelänge, insbesondere ArbeiterInnen und ihren VertreterInnen bei uns verständlich zu machen, daß internationale Solidarität nicht in Konkurrenz zu ihren eigenen Interessen steht, könnte ein sehr wichtiger Bündnispartner gewonnen werden.

Gewerkschaftspositionen

Nach wie vor bestehen unerträglich große Unterschiede zwischen den Arbeits- und Sozialkosten der Industrieländer und denjenigen der Schwellen- und Entwicklungsländer. Eine Abschaffung des Welttextilabkommens würde durch die dann hereinbrechenden zusätzlichen Exportfluten den größten Teil der noch bestehenden 1,8 Millionen Arbeitsplätze vernichten und das Arbeitslosenheer vergrößern.

Europäischer Gewerkschaftsausschuß Textil, Bekleidung und Leder, 1989

*

Der 14. Ordentliche DGB-Bundeskongreß fordert eine bessere Weltwirtschafts- und Sozialordnung. Er unterstützt eine sinnvolle Entwicklungspolitik sowie die Ausweitung des Welthandels unter fairen und sozialen Bedingungen für alle Beteiligten. Folgende Ziele und Grundsätze müssen verfolgt werden:

1. Eine internationale Handels- und Industrialisierungspolitik, die den Menschen in den Entwicklungsländern spürbare Verbesserungen bringt und den Beschäftigten in den Industrieländern keine unzumutbaren Opfer aufbürdet. (...)

9. Internationale Handelsabkommen wie das MFA können einen entwicklungspolitischen Beitrag leisten, wenn in ihnen soziale Mindeststandards garantiert werden.

Deutscher Gewerkschaftsbund, Mai 1990

Obwohl Österreich mit seiner liberalen Außenhandelspolitik vom MFA nur marginal profitiert, würde eine plötzliche Volliberalisierung der textilen Einfuhren den Zusammenbruch etlicher Textil- und Bekleidungsbetriebe und damit den Verlust Tausender Arbeitsplätze nach sich ziehen. Aus diesen Überlegungen heraus fordert die Gewerkschaft Textil, Bekleidung, Leder eine allmähliche Reduzierung des MFA bei gleichzeitiger Marktöffnung der Exportländer Ostasiens und Südamerikas.

Österreichs Textilgewerkschafter, Juni 1990

Die KonsumentInnen als Gewinner?

20 Kilogramm in der Bundesrepublik, 18,7 Kilogramm in der Schweiz, in Österreich 15,4 Kilogramm: der statistische Kleiderkonsum pro Kopf und Jahr. In Brasilien liegt er bei 4,4 Kilogramm, in Tansania, dem Land, in dem Bauer Mbogo lebt, bei 0,7 Kilogramm. Die konsumfreudigsten VerbraucherInnen sind die US-BürgerInnen mit 23,8 Kilogramm im Jahr.

Handelsketten wie Karstadt, Kaufhof, Quelle setzen in der Bundesrepublik im Kleider- und Textilien-Einzelhandel am meisten um. Der Umsatz des bundesdeutschen Handels belief sich 1989 auf über 100 Milliarden DM. 73 Unternehmen hielten daran einen Anteil von 45 Prozent, den Rest teilten sich 57000 Fachgeschäfte. Coop Schweiz zählt zu den größten europäischen Händlern. Dazu gehören auch die Bekleidungsspezialisten C&A und Adler, die sich in Österreich erst vor wenigen Jahren zu den Marktführern Konsum, Kleider-Bauer und Schöps gesellt haben. Die österreichischen KonsumentInnen ließen sich ihr modisches Out-fit 1988 ingesamt 61 Milliarden Schillinge kosten, durchschnittlich zwölf Prozent ihres Haushaltsbudgets. Dieser Anteil ist genauso groß wie vor zehn Jahren, obwohl der Preis bei vielen und gerade den gängigsten Textilprodukten weniger rasch gestiegen ist als die durchschnittlichen Verbraucherpreise.

Trotz dieser für sie erfreulichen Tatsache geben die KonsumentInnen also noch immer gleich viel aus wie vor zehn Jahren. Sie kaufen heute mehr Bekleidung - nicht nur aus Modegründen. Die Qualität ist oft weniger strapazierfähig, die Kleider werden schneller weggeworfen und nicht mehr so oft geflickt. Wer verwendet schon gern Zeit dafür, eine Naht zusammen- oder auch nur einen Knopf wieder anzunähen, wenn die Mode bereits ganz andere Farben und Modelle propagiert?

Die Kurzlebigkeit meinen auch Manager, wenn sie sagen, noch entscheidender als billige Produktionskosten sei für ein Unternehmen, möglichst rasch auf einen neuen Trend reagieren zu können, um konkurrenzfähig zu bleiben.

Der Preis der verbilligten Produkte für KonsumentInnen: schlechtere Qualität, »veredelt« mit gesundheitsgefährdenden Materialien, kurzlebigere Produkte. Angefangen von Busfahrten für SeniorInnen vom Land zu den Shopping Citys im Grünen direkt neben Autobahnkreuzen bis hin zu den vielen Verkaufsaktionen und Werbewänden verleiten Werbegags und -tricks nicht selten zu fragwürdigen Käufen. Und das ist ja gewünscht. Denn nur so steigen Umsatzzahlen und Gewinne - zumindest der Großen der Branche.

In westlichen Industrieländern wächst die Zahl potentieller Kunden mit abnehmender Kaufkraft. Ihr werden die Billigangebote in Bekleidungsmärkten am Stadtrand gerecht. Der »Diskonter für die Wirtschaftskrise«, wie die Zeitschrift »Trend« Adler nennt, ist in der Bundesrepublik vor allem in Gebieten mit hoher Arbeitslosigkeit erfolgreich. »Erfolgsfaktoren des Diskounters sind besonders schneller Warenumschlag, wenig Personalkosten, ein ausgeklügeltes Warenbewirtschaftungssystem und eigene Produktionsbetriebe, unter anderem in den Billiglohnländern Singapur und Südkorea. Auch in Österreich unterhält Adler eine Hosen- und Rocknäherei.« (Trend 10/1987)

Im Unterschied zu Adler stellt C & A seine Filialen nicht ins Grüne, sondern stets in Stadtzentren, wo eine Kundschaft mit höherer Kaufkraft angesprochen werden soll. In Wien eröffnete dieser Bekleidungsriese seine Filiale am 31. Oktober 1987, nur zwei Monate nach Adler. Beide Neuankömmlinge brachten Bewegung in den Bekleidungshandel der Alpenrepublik. »Die Fetzen fliegen«, betitelte »Trend« den Bericht über die beiden Neueröffnungen. Bereits zwei Jahre später wechselte die Firma Schöps, Österreichs drittgrößter Textil-Verkäufer (72 Filialen, 1100 Beschäftigte, 1,4 Milliarden Schillinge Umsatz) den Besitzer: Nur zwei Modezentren blieben im Eigentum der Besitzer Böhm und Stühler, den Rest übernahm eine deutsche Investorengruppe. Die neue Konkurrenz aus der Reihe der europäischen Giganten wird für diesen Verkauf nicht ganz ohne Einfluß gewesen sein.

Sportfachgeschäfte, spezielle Boutiquen und Handelsketten wie C & A werben mit farbenfrohen Sportausrüstungen, Modischem für Alltag und feierliche Anlässe, mit entsprechenden Preisen und klingenden Namen von Modelinien, von denen einige exklusiv nur eine Ladenkette beliefern. Von niedrigen Löhnen hier und dort, von miserablen Arbeitsbedingungen erfahren KundInnen auf der Suche nach Neuem nichts. Die Preise in diesen Häusern legen solche Überlegungen allerdings auch nicht nahe. Die große Differenz zwischen Hungerlöhnen und billigen Rohstoffen einerseits und teuren Modeartikeln andererseits fließt in Verwaltungs- und Transportkosten, Zölle, Steuern – und Gewinne, nicht nur der Handelshäuser. Zu den größten Profiteuren der letzten Jahre zählen, so der britische Journalist Nicholas Coleridge in seinem Buch »The Fashion Conspiracy«, die wenigen Designer, die von Modezentrale zu Modezentrale pendeln und ihre neuesten Kreationen verkaufen. Das »Designer money«, wie Coleridge es nennt, erlebte in den achtziger Jahren einen solchen Boom, daß er den Vergleich mit dem Ölgeld der siebziger Jahre nicht scheut.

Ob nun in einer Mode-Boutique ein oft fast nicht erkennbares Markenzeichen auf Kragen oder Krawatte teuer bezahlt wird oder armen PensionistInnen auf einer gut beworbenen Ausflugsfahrt zu einem Shoppingmarkt im Grünen überteuerte Rheumadecken angedreht werden, ob nun eine Arbeiterin wegrationalisiert und ihre Kollegin bei gleichem Lohn einen kürzeren Akkord zu leisten hat oder der Preis für den Baumwollbauern fällt - es sind die gleichen Interessen, für die KonsumentInnen verschaukelt und ArbeiterInnen versetzt werden: hier und dort.

Solidarischer Handel will beides nicht nur vermeiden, sondern auch eine Alternative bieten. Kritisches Kaufen, die Unterstützung oder Mitarbeit bei Aktionen wie zum Beispiel zum Welttextilabkommen (vgl. S. 87), stärken diesen (anderen) Handel nicht nur, sondern tragen auch zu einer notwendigen Vernetzung bei.

20 Kilogramm Kleidung im Jahr

Was glauben Sie, wieviel Kleidung Sie pro Jahr verbrauchen, drei Kilogramm, fünf Kilogramm, zehn Kilogramm, 20 Kilogramm oder 40 Kilogramm? Wenn Sie drei, fünf oder zehn Kilogramm geschätzt haben, möchte ich Sie beglückwünschen. Sie haushalten sehr sparsam. Der bundesdeutsche Durchschnittsbürger verbraucht nämlich jedes Jahr sage und schreibe 20 Kilogramm Kleidung. Was das bedeutet, habe ich ausprobiert. Zwölf Paar Socken (0,6 Kilogramm), 20 Unterwäsche-Garnituren (zwei Kilogramm), zehn Blusen (zwei Kilogramm), acht Hosen (3,2 Kilogramm), sechs dicke Wollpullover (4,2 Kilogramm), fünf Schlafanzüge (2,0 Kilogramm) und drei Wintermäntel (sechs Kilogramm) legt sich jeder deutsche Mann und jede deutsche Frau pro Jahr zu. Ich für meinen Teil komme mit wesentlich weniger Kleidung aus, und die alte Oma von nebenan habe ich auch schon ewig nicht mehr in neuer Aufmachung gesehen. Es muß also Leute geben, die sogar noch mehr verbrauchen, wenn 20 Kilogramm der Durchschnitt sind.

Meike Ried

Kinder gefragt – Schwangere verpönt

Kinder als billige Arbeitskräfte sind noch von vielen Firmen gefragt. Daß C&A, im Besitz der streng katholischen Familiendynastie der Brenninkmeyer, von Kindern in Thailand hergestellte Kleider verkaufe, beschäftigte vor kurzem in Holland die Öffentlichkeit und das Parlament. Eindeutig dementiert wurden die Vorwürfe von Firmenseite nicht.

Die Brenninkmeyers sind sehr verschwiegen. Offiziell bekanntgegeben werden weder die genaue Anzahl ihrer MitarbeiterInnen (inoffizielle Quellen sprechen von weltweit 40 000), ihrer Filialen (geschätzt weltweit 500) oder ihr Umsatz (die deutsche Fachzeitschrift »Textilwirtschaft« gibt ihn für die Bundesrepublik mit 7,5 Milliarden DM an und setzt C&A damit auf den ersten Platz der deutschen Modehändler).

Sehr genau informiert sich das Unternehmen allerdings über (neue) MitarbeiterInnen. »Sie erklären sich bereit, sich vom C&A-Vertrauensarzt untersuchen zu lassen, wobei die Firmenleitung Einsicht ins Ergebnis hat«, lautet sinngemäß die Klausel auf einem Formular, das schon viele Frauen unterschreiben mußten, um zu einer festen Anstellung zu kommen. Dieser Passus ist auf einen Schwangerschaftstest ausgerichtet. Und wer Nachwuchs erwartet, hat kaum Chancen auf eine Anstellung.

Einladung zum »Teppichlüften«

Teppiche sind Textilien besonderer Art. Im Zeitalter des Ferntourismus sind sie zum Souvenir der gehobenen Klasse avanciert - oft günstigst »erstanden« dank unserer geschäftsträchtigen Zähigkeit beim Feilschen um den Preis.

Was kehren wir dabei unter den Teppich?

Die Herstellung indischer *Dhurries,* türkischer *Kelims,* echter Perser oder peruanischer Wandteppiche ist mit zahlreichen Arbeitsgängen verknüpft. Was den einen als Schmuck dient, ist für die anderen Existenzgrundlage. Doch sie ist gefährdet, vor allem bei zeit- und arbeitsintensivem HANDwerk. Die Konkurrenz billiger Massenware ist groß, Zwischenhändler drücken die Preise oft so weit nach unten, daß kaum die Materialkosten gedeckt werden. Vom Hungerlohn bleibt den ProduzentInnen dann nur der Hunger.

Sich den festgeschriebenen Mechanismen des kommerziellen Handels entgegenzustellen, ist ein Unterfangen, das der Zusammenarbeit aller Beteiligten bedarf. Im Rahmen des alternativen Handels werden Wege in diese Richtung beschritten. Die Ausschaltung des Zwischenhandels erlaubt einen direkten Kontakt zwischen den Handelspartnern - ein Begriff, der in seiner Tragweite wieder ins Recht gesetzt werden soll. Durch die Bezahlung eines fairen Preises wird den Handelsbeziehungen nicht nur der Blick auf das Produkt zugrunde gelegt, sondern auch auf den sozialen und wirtschaftlichen Zusammenhang, in dem die ProduzentInnen stehen.

Dazu zwei Beispiele: Teppiche aus Peru und Indien von Projektpartnern alternativer Handelsorganisationen.

Kamaq Maki ist ein Wort aus der Quechua-Sprache und bedeutet »schöpferische Hand«. Es ist der Name einer 1978 gegründeten Bauern- und Handwerkervereinigung im Andenhochland von Peru, die sich der Herstellung kunsthandwerklicher Artikel widmet. Die traditionsreiche indianische Webkunst besitzt einen wichtigen Stellenwert. Sie wird unter Einsatz angepaßter technischer Neuerungen wie eigener Webstühle und Spinnmaschinen bewahrt und weiterentwickelt.

In *Kamaq Maki* sind auch WeberInnen aus Ayacucho organisiert, die aufgrund der politischen Situation aus ihren Dörfern flüchten mußten. Sie sind mit der indianischen Symbolik der Muster vertraut und gelten als ExpertInnen der natürlichen Färbetechniken. Daneben wird auch mit den künstlichen Anilinfarben gearbeitet - die Rohstoffe aus der Natur sind knapp und deshalb teuer.

Für die ProduzentInnen bedeutet das Handwerk ein notwendiges Zusatzeinkommen zum oft unzureichenden Ertrag aus der Landwirtschaft.

Der Ansatz *Kamaq Makis* geht über die rein handwerkliche Förderung hinaus. Ein Informationsbulletin und Weiterbildungskurse vermitteln den HandwerkerInnen Kenntnisse, die sie als Einzelpersonen stärken und befähigen sollen, aktiver für ihre Interessen einzutreten.

Die Zuspitzung der politischen Lage in Peru hat die Arbeit *Kamaq Makis* in jüngster Zeit allerdings erschwert. Transportwege sind unterbrochen, in zahlreichen Gebieten herrscht Ausnahmezustand – eine Situation, die vor allem den Verkauf auf lokalen Märkten beeinträchtigt und eine verstärkte Exportorientierung mit sich bringt.

Auch bei **Tara**, einer Produzentenvereinigung und Vermarktungsorganisation bei Delhi (Indien), spielt der Export von Teppichen eine große Rolle, zumal die handgewebten Baumwoll-*Dhurries* am heimischen Markt kaum konkurrenzfähig sind. Das Projekt *Tara* geht auf die Initiative des Professors für Hindi-Literatur, Shyam Sharma, zurück. Als er sich für die geächteten »Unberührbaren« einsetzte, durchbrach er eine soziale Schranke des indischen Kastenwesens.

In *Tara* finden Menschen aus den Randschichten der Gesellschaft Arbeit, die sie vor dem Abdriften in Drogenabhängigkeit und Kriminalität bewahrt. Von einem Mitglied der Kooperative wird die Bedeutung des Projekts wie folgt umrissen: »Wir verdienen mehr. Wir erhalten teilweise Geld im voraus, den Rest bei Fertigstellung der Teppiche. Manche sind skeptisch, ob wir durchhalten, denn es ist unüblich, sich von den Zwischenhändlern loszusagen. Es ist wichtig, daß die Kinder zur Schule gehen. So lernen sie besser einschätzen und verstehen, was um sie und mit ihnen geschieht. Vor fünf Jahren ging noch kein Kind von hier zur Schule. Jetzt sind es bereits 18, die die Schule besuchen.«

Die WeberInnen von *Tara* sehen in ihrer Form des Zusammenschlusses einen Ausweg aus der Mißachtung und Ausbeutung ihrer Handarbeit. Davon zeugt die Aufschrift über einer ihrer Werkstätten: »Die Löcher, in denen unsere Webstühle stehen, sind nicht länger unsere Grablöcher - wir arbeiten jetzt auf genossenschaftlicher Basis.«

Andrea Reitinger

Was tun?

Aktionsvorschläge

1. Einfach Fragen stellen
Woher kommen Kleider, aus welchen Chemiefasern bestehen sie, welche chemische »Ausrüstungsmittel« enthalten sie? Vielfach werden die VerkäuferInnen keine Antwort auf diese Frage wissen, auch nicht die GeschäftsinhaberInnen, obwohl der Kunde das Recht auf solche Informationen hat (auch wenn es noch nicht gesetzlich verankert ist). Das Fragen soll die Probleme mehr ins Bewußtsein bringen.

Viele wertvolle praktische Tips für den (vor allem auch umweltschonenden) Umgang mit Textilien und Kleidern bieten die Bücher »Chemie im Kleiderschrank« und »Leitfaden für gesunde Textilien«.

2. Stopp dem Verschleiß
Sich vor jedem Kauf die Frage stellen: »Brauche ich das wirklich?« Die Textilindustrie fördert durch den schnellen Modewechsel die Vergeudung von Rohstoffen und Energie, deren Vorkommen begrenzt sind. Wer jede Mode mitträgt, bekundet mangelndes kritisches Bewußtsein. Der Kleiderüberschuß bei uns geht auf Kosten der Umwelt und Armut in der Dritten Welt.

3. Welttextilabkommen
Das Ende Juli 1991 auslaufende Welttextilabkommen (MFA) steht in Verhandlung. Die Industrie und auch die Gewerkschaften streben eine Verlängerung an.

Die in der EFTA (European Fair Trade Association) zusammengeschlossenen alternativen Handelsorganisationen fordern das Ende dieses Vertragswerkes, das die Dritte Welt klar benachteiligt. Die Gewerkschaften sollen dazu ermutigt werden, sich dieser Forderung anzuschließen und sich stärker für die Einhaltung bereits gestellter Sozialklauseln einzusetzen.

4. Solidaritätsaktionen
Förderung des »Solifonds« in der Schweiz, der den gewerkschaftlichen Kampf in verschiedenen Ländern unterstützt, auch von TextilarbeiterInnen (Quellenstraße 25, 8005 Zürich, Tel. 01-272 60 37).

5. Einkauf in Dritte-Welt-Läden
Mit dem Kauf von Kleidern und Haushaltstextilien in den Dritte-Welt-Läden fördern Sie Menschen, die unabhängig werden und sich eigenständig entfalten wollen. Die Adresse Ihres nächsten Ladens erhalten Sie von den alternativen Handelsorganisationen GEPA, EZA und OS3 (siehe Adressenteil).

Diese Organisationen legen bei all ihren Importen Wert auf folgende Voraussetzungen für einen vertretbaren Handel mit Produkten aus der Dritten Welt:

- keine Kinderausbeutung,
- faire Löhne,

- menschenwürdige Arbeitsbedingungen, Einhaltung der Arbeitsgesetze,
- Freiheit der Organisation der ArbeiterInnen,
- Ausschluß des ausbeutenden Zwischenhandels,
- Verarbeitung soweit wie möglich im Entwicklungsland.

6. Unterrichtsstunden zum Thema gestalten
»Kleider und Mode. Bei uns und in der Dritten Welt« lautet der Titel einer von der »Erklärung von Bern« herausgegebenen Unterrichts-Materialmappe. Sie ist auch bei den alternativen Handelsorganisationen erhältlich. Bitte bei diesen auch anfragen wegen Dias und Ausstellungsmaterialien.

Gesetzliche Forderungen

Die bisherigen gesetzlichen Bestimmungen zum Schutze der KonsumentInnen sind für folgende Bereiche unzureichend:

1. Angabe und effektive Kontrolle aller Materialien und Textilausrüstungsmittel, die gesundheitsschädigend sein können
Regelmäßige Probenziehungen und Untersuchungen auf gesundheits- und umweltschädigende Substanzen gibt es weder in der Bundesrepublik noch in Österreich und der Schweiz.

2. Einheitliche Festlegung der Qualitätskriterien für Naturtextilien. Die Wörter »Bio« und »Natur« werden auch im Textilbereich mißbraucht.

Die gängige Praxis ist, daß Textilien, die zum überwiegenden Teil aus Chemiefasern bestehen, als »Naturtextilien« angeboten werden. Wer nun schwindelt und wer seriös anbietet, ist kaum zu unterscheiden.

3. Allgemein striktere Umweltgesetze
Die Produktion von Fasern und Textilien ist mit großen Abwassermengen und schwer abbaubaren Substanzen verbunden. Die Textilveredelungsindustrie braucht pro Kilo verarbeiteter Ware zirka 100 Liter Wasser.

4. Verbot von chemischen Reinigungen in Wohnhäusern und geschlossenen Einkaufszentren
Zur chemischen Reinigung von Textilien wird überwiegend das Lösungsmittel PER verwendet, das unter begründetem Krebsverdacht steht. Reinigungsbetriebe in Wohnhäusern und geschlossenen Einkaufszentren gefährden die AnwohnerInnen und sollten daher verboten werden.

Entwicklungshilfeprojekte für ökologische Baumwollproduktion

Der übliche Anbau der Baumwolle erfolgt mit massivem Einsatz von Pestiziden und chemischen Düngemitteln in Monokulturen. Pro Vegetationszyklus werden bis zu 20mal Chemikalien ausgebracht, in Sudan zum Beispiel rund 25 Kilogramm pro Hektar. Eine Umstellung erfordert große Finanzmittel, die am ehesten im Rahmen staatlicher Entwicklungshilfe aufzubringen sind.

Adressen

Bundesrepublik

Arbeitskreis Naturtextilien/Engel KG
Albstr. 38, 7410 Reutlingen

Bremer Baumwollbörse
Postfach 10 67 27, 2800 Bremen 1

Bremer Umweltinstitut
Wielandstr. 25, 2800 Bremen 1

GEPA
Talstr. 20, 5830 Schwelm

Gewerkschaft Textil-Bekleidung
Roßstr. 94, 4000 Düsseldorf 30

Internationales Woll-Sekretariat (IWS)
Hohenzollernstr. 11, 4000 Düsseldorf 1

Katalyse Umweltgruppe e.V.
Engelbertstr. 41, 5000 Köln 1

Ökotest
Postfach 11 14 52, 6000 Frankfurt 11

Stiftung Warentest
Lützowstr. 11/13, 1000 Berlin 13

Verbraucherinitiative
Breite Str. 51, 5300 Bonn 1

Regionale Verbraucherzentralen in allen Bundesländern

Österreich

Konsumenteninformationsstellen der Arbeiterkammer in allen Landeshauptstädten

Gewerkschaft Textil, Bekleidung, Leder
Hohenstaufengasse 10, 1013 Wien

GE-Gewerkschaftliche Einheit
Wipplingerstr. 23, 1010 Wien

EZA-Dritte Welt
Plainbachstr. 8, 5101 Bergheim

EZA-Dritte Welt
Obere Amtshausgasse 38, 1050 Wien

Verein für Konsumenteninformation
Linke Wien-Zeile 18, 1060 Wien

Österreichisches Textil-Forschungsinstitut
Spengergasse 20, 1050 Wien

Schweiz

Erklärung von Bern
Quellenstr. 25, 8031 Zürich

Fédération Romande des consommatrices
Rte Chéne 61, 1208 Genéve

Gewerkschaft Textil, Chemie, Papier (GTCP)
Luisenstr. 29, 8031 Zürich

Institut suisse des recherches ménagères
Binzstr. 18, 8045 Zürich

Konsumentinnenforum der deutschen
Schweiz KF
Rämistr. 39, 8024 Zürich

OS3-Organisation Schweiz – Dritte Welt
Byfangstr. 19, 2552 Orpund

Sartex Genossenschaft für TextilarbeiterInnen
Gotthardstr. 61, 8027 Zürich

Secrétariat du GATT, Service des publications
144, rue de Lausanne, 1211 Genéve 21

Service de l'information de la DDA/DFAE
(Département fédéral de l'aide extérieure)
3003 Bern

Stiftung Konsumentenschutz
Monbijoustr. 61, 3007 Bern

Tips zum Weiterlesen

Bichlbauer, D., u.a.: Arbeiter in der Textilindustrie. Forschungsberichte aus Sozial- und Arbeitsmarktpolitik. Wien 1988

Böhm, Th., u.a. (Hg.): Die zweite Haut. Reinbek 1989

Coleridge, N.: The Fashion Conspiracy. London 1989

Erklärung von Bern: Kleider und Mode. Bei uns und in der Dritten Welt. Zürich 1986

Erklärung von Bern: Kleider und Mode. Unterrichtseinheit. Zürich o.J.

Erklärung von Bern: Zum Beispiel Galecron. Zürich 1983

Fröbel, F., u.a.: Umbruch in der Weltwirtschaft. Reinbek 1986

Hamilton, C.B.: Textiles Trade and the Developing Countries. Washington DC 1990

ICDA (International Coalition for Development Action): The Textile Challenge and the Third World. Brussels 1986

Informationsdienst der DEH (Hg.): Die Baumwolle. 2 Broschüren. Bern o.J.

Olle, W.: Probleme europäischer Gewerkschaftspolitik in der Textil- und Bekleidungsindustrie, in: epd-Entwicklungspolitik, Frankfurt Nr. 4–5/1986

Pfeisinger, G., und Schennach, S. (Hg.): Kolonialwaren – Die Schaffung der ungleichen Welt. Göttingen 1989

Ried, M.: Chemie im Kleiderschrank. Reinbek 1989

Rosenkranz, B./Castelló, E.: Leitfaden für gesunde Textilien. Reinbek 1989

Wirtz, H.-J., u.a.: Kleider machen Leute – Leute machen Kleider. Düsseldorf 1981

Wirtz, H.-J.: Der rote Faden. Eine Lese-, Lern- und Aktionsmappe. o.O. 1985

Quellenverzeichnis

S. 7 Textauszug aus: Christiane Grefe u. a., Mbogos Ernte oder die Teilung der Welt - Arbeitsheft zum Film, o.O. und o.J.

S. 9 Textauszug aus: Catherine Howe, unveröffentlichter Projektbericht, September 1989

S. 10 Oben: Textauszug aus: Erklärung von Bern (Hg.), Kleider machen Leute, Zürich 1986 - Unten: Textauszug aus: Rüthemann/ Heindl, Afrika-Österreich, Linz 1990

S. 21 Nach: Henry Hobhouse, Fünf Pflanzen verändern die Welt, Klett-Cotta, 2. Auflage, Stuttgart 1988

S. 31 Quelle: GEPA (Hg.), Alternativ handeln, Nr. 18/1986

S. 37 Textauszug aus: Gerhard Pfeisinger/Stefan Schennach (Hg.), Kolonialwaren - Die Schaffung der ungleichen Welt, Lamuv Taschenbuch 61, Göttingen 1989

S. 40 Textauszug aus: Jong Sokk Minh, Der Menschenmarkt, hg. v. Fastenopfer der Schweizer Katholiken und Brot für Brüder, Luzern/Basel 1981

S. 45 Aus: Garment Worker, zit. nach: Nicholas Coleridge, The Fashion Conspiracy, London 1988

S. 80 Textauszug aus: Meike Ried, Chemie im Kleiderschrank - Das Öko-Textil-Buch, Rowohlt Verlag, Reinbek 1989

Über den Redakteur

Guido Rüthemann, geboren 1951, Theologe, mehrere Jahre entwicklungspolitischer Bildungsreferent in Oberösterreich, hat zur Zeit seinen Arbeitsschwerpunkt als Autor und Lektor. Er ist Mitherausgeber des Buches »Österreich und die Dritte Welt: Geschäfte mit der Entwicklung«.